Alexander Herrmann · Heldenküche

ALEXANDER HERRMANN

HELDEN KÜCHE

PLASSEN
VERLAG

Backofenhinweis

Die Temperaturangaben für den Backofen beziehen sich stets auf das Backen mit Ober- und Unterhitze. Bei Umluft- oder Heißluftherden verringert sich die Temperatur um etwa 20 °C. Beachten Sie dazu bitte die Gebrauchsanweisung Ihres Backofens.

Copyright 2023:
© Börsenmedien AG, Kulmbach

Fotos: Sebastian Metzdorf, Bayerische Polizei, Herbert Gröschel, S. 12: Alexandra Beier
Gestaltung, Satz und Herstellung: Daniela Freitag
Lektorat: Egbert Neumüller, Claus Rosenkranz, Elke Sabat, Petra Teetz
Druck: Appl Druck GmbH

ISBN 978-3-86470-909-8

Bibliografische Information der Deutschen Nationalbibliothek:
Die Deutsche Nationalbibliothek verzeichnet diese Publikation in der
Deutschen Nationalbibliografie; detaillierte bibliografische Daten
sind im Internet über <http://dnb.d-nb.de> abrufbar.

Postfach 1449 • 95305 Kulmbach
Tel: +49 9221 9051-0 • Fax: +49 9221 9051-4444
E-Mail: info@plassen-buchverlage.de
www.plassen.de
www.facebook.com/plassenverlag
www.instagram.com/plassen_buchverlage

INHALT

SCHUTZPOLIZEI / STREIFENDIENST — **21**

KRIMINALPOLIZEI / KRIMINALDAUERDIENST — **31**

GESCHLOSSENE EINHEIT / UNTERSTÜTZUNGSKOMMANDO — **43**

VERKEHRSPOLIZEI / MOTORRADSTAFFEL — **55**

OFFEN FÜR NEUES

Staatsminister Joachim
Herrmann, MdL

Sehr geehrte Damen und Herren,
liebe Kolleginnen und Kollegen,

als ich vor gut drei Jahren zum ersten Mal von der bundesweit einmaligen Kooperation der Bayerischen Bereitschaftspolizei mit dem fränkischen Sternekoch Alexander Herrmann gehört habe, war ich von dieser Idee sofort begeistert.

Die Bereitschaftspolizei ist mit ihren vielfältigen Aufgaben ein wichtiges Standbein der Bayerischen Polizei. Um unsere Einsatzeinheiten fit zu halten, legen wir großen Wert auf eine hohe Qualität unserer Einsatzverpflegung.

Was mit einer außergewöhnlichen Maßnahme für eine noch gesündere Einsatzverpflegung begann, entwickelte sich schnell zu weitaus mehr: Sowohl Alexander Herrmann als auch die Kolleginnen und Kollegen der Polizei zeigten eine unbeschreibliche Begeisterung für das gemeinsame Küchenprojekt. Die „Chemie" zwischen allen Beteiligten hat dabei von Anfang an gestimmt.

Mit dem „PowerPantherShake" entstand dann die erste leckere Eigenkreation: ein Powershake speziell für Polizistinnen und Polizisten. Die hochwertige Trinkmahlzeit ist gesund, gibt unseren Einsatzkräften Kraft und schmeckt dabei auch noch ausgezeichnet.

Damit aber nicht genug: Mit diesem Kochbuch, das den schönen Titel „Heldenküche" trägt, halten Sie nun ein weiteres Highlight des hocherfolgreichen Kooperationsprojekts in Händen. Unter großem persönlichen Einsatz aller Beteiligten, mit viel Herzblut und Leidenschaft, wurde dieses Buch in den letzten Jahren verwirklicht.

Auch hier hat sich wieder gezeigt: Die Bayerische Polizei ist immer für Neues offen und meistert auch die ungewöhnlichsten Herausforderungen! Ich danke allen Mitwirkenden für dieses wunderbare Buchprojekt und wünsche den Leserinnen und Lesern viel Spaß beim Schmökern und Nachkochen und natürlich einen guten Appetit!

Joachim Herrmann
Bayerischer Staatsminister des Innern, für Sport und Integration
Mitglied des Bayerischen Landtags

DIE VIELFALT DER BAYERISCHEN POLIZEI

Liebe Leserinnen und Leser,

die Bayerische Polizei ist mit ihren vielfältigen Aufgaben der Garant für die öffentliche Sicherheit und Ordnung in Bayern. Unsere rund 45.000 Polizistinnen und Polizisten sind dabei beruflich einer Vielzahl unterschiedlicher Belastungen ausgesetzt. Dies gilt gerade für den Einsatzbereich mit überwiegender Tätigkeit im Schichtdienst und seiner hohen physischen und psychischen Belastung. Der Einsatz rund um die Uhr erfordert eine gute körperliche Kondition und eine gesunde Lebensführung mit einer ausgewogenen Ernährung. Aus diesem Grund legen wir auch besonders großen Wert auf eine hohe Qualität unserer Verpflegung in den Polizeikantinen.

Michael Schwald,
Landespolizeipräsident

Alexander Herrmann ist es mit diesem Kochbuch auf unterhaltsame und fachkundige Weise gelungen, die vielfältigen Anforderungen des polizeilichen Alltags aufzuzeigen und für ein ebenso abwechslungsreiches Rezeptangebot zu sorgen. Sie erhalten Einblick in die Vielfalt der Bayerischen Polizei – jeweils garniert mit persönlichen Erfahrungen. Lassen Sie sich inspirieren durch die Rezepte aus unseren Polizeiküchen und die Variationen eines Sternekochs.

Zudem darf ich mich bei Ihnen bedanken, denn mit dem Kauf dieses Buches unterstützen Sie die Arbeit der Bayerischen Polizeistiftung.

Ein wunderbares Buch für alle, die Interesse an einem kleinen Einblick in die Polizeiarbeit haben, gutes Essen lieben und gern Gutes tun.

Ihr

Michael Schwald
Landespolizeipräsident

DER MENSCH IN UNIFORM

Thomas Lintl,
Stiftungsvorsitzender der
Bayerischen Polizeistiftung

Liebe Leserin, lieber Leser,

mit dem Kauf dieses Buches unterstützen Sie ein tolles Projekt des Sternekochs Alexander Herrmann und der Bayerischen Polizeistiftung.

Alexander Herrmann kam vor vielen Monaten auf uns zu und fragte an, ob wir es uns als Stiftung vorstellen könnten, gemeinsam ein Kochbuch von, mit und für Polizistinnen und Polizisten auf den Markt zu bringen.

Die Bayerische Polizeistiftung war von Anfang an von dieser Idee und ihrem Erfolg überzeugt. Jetzt ist es so weit und Sie halten das Ergebnis in Ihren Händen.

Gemeinsam wollen wir der Bayerischen Polizei Dank und Anerkennung für die tagtägliche erfolgreiche und gleichzeitig oftmals gefährliche Arbeit aussprechen. Beides kommt bei den Kolleginnen und Kollegen viel zu selten an.

Als Vorsitzender der Bayerischen Polizeistiftung bin ich sehr dankbar, dass wir zusammen mit Spitzenkoch Alexander Herrmann, ausgezeichnet mit zwei Michelin-Sternen, und dem Plassen Verlag sowie mit tatkräftiger Unterstützung aus dem Polizeibereich dieses Projekt umsetzen konnten.

Wertschätzung und Anerkennung sind bei unserer Stiftungsarbeit immens wichtig. Wir haben die großartige Möglichkeit, verletzten Kolleginnen und Kollegen die Dankbarkeit und Wertschätzung für ihren täglichen Einsatz mit auf den Weg zu geben und ihnen ein positives Gefühl zu vermitteln. Mit finanziellen Zuwendungen an Polizistinnen und Polizisten, die im Dienst verletzt wurden, können wir diesen eine Art Trostpflaster für erlittene Schmerzen und erlebte Traumata geben.

Die Bayerische Polizeistiftung hat seit ihrer Gründung im Jahre 1977 in über 1.500 Fällen Hilfe geleistet. Diese Zahl, die in den letzten Jahren stark angestiegen ist, zeigt auf, was einer Polizistin oder einem Polizisten im täglichen Dienst abverlangt wird und welcher

Gewalt sie immer wieder ausgesetzt sind. Deshalb passt es auch sehr gut, wenn Alexander Herrmann hier von Helden spricht.

Die Zuwendungen der Bayerischen Polizeistiftung werden in enger Absprache mit den Polizeidienststellen und Personalratsgremien festgelegt. Als Faktoren fließen die Schwere der Verletzung und deren Dauer, aber auch persönliche psychische Belastungen in die Entscheidung der Stiftung ein. Gerade der letzte Punkt ist für uns wichtig. Denn wir dürfen nie vergessen, dass in der Uniform, die im Alltag wahrgenommen wird, ein Mensch steckt.

Um den verletzten Polizistinnen und Polizisten eine finanzielle Zuwendung gewähren zu können, ist es unabdingbar, dass die Bayerische Polizeistiftung selbst Unterstützung erhält.

Liebe Leserinnen und Leser, mit dem Kauf dieses Buches unterstützen Sie unsere Tätigkeit und werden in unseren Augen auch zu einer Art Held. Vergelts Gott!

Unser besonderer Dank gilt dem Ideengeber und Autor dieses Buches, Alexander Herrmann, und den Verantwortlichen des Plassen Verlags, die aus dem Verkaufserlös die Bayerische Polizeistiftung großzügig unterstützen.

Last, but not least geht unser Dank an alle Kolleginnen und Kollegen der Bayerischen Polizei, die zur Realisierung dieses Buches beigetragen haben.

Und jetzt ran an die Pfannen und Töpfe. Die Bayerische Polizeistiftung wünscht Ihnen einen guten Appetit.

Ihr

Thomas Lintl
Stiftungsvorsitzender der Bayerischen Polizeistiftung

AM ANFANG WAR EIN SHAKE ...

Alexander Herrmann

Im Jahr 2017 kamen der damalige Polizeipräsident Wolfgang Sommer und sein Pressesprecher Herbert Gröschel zu mir nach Wirsberg. Verantwortlich unter anderem für die Küchen der Bayerischen Bereitschaftspolizei und somit für die Verpflegung Tausender Polizistinnen und Polizisten, erhoffte sich der Präsident eine mögliche Kooperation mit mir. Das war die Geburtsstunde des erfolgreichen und bewährten PowerPantherShake, den ich in der Folge in Zusammenarbeit mit den Chefköchinnen und -köchen der Bayerischen Polizei kreierte.

Diese professionelle und menschliche Zusammenarbeit auf Augenhöhe legte auch den Grundstein für das Folgeprojekt – dieses sehr außergewöhnliche Kochbuch, das Sie nun in Händen halten.

Der Kontrast könnte nicht größer sein. Als Sternekoch strebe ich das perfekte kulinarische Erlebnis für meine Gäste in drei, fünf oder acht Gängen an. Der Aufwand in der Küche ist immens, die Vorbereitungen verschlingen Wochen, zahllose interne Probeverkostungen sind nötig, bis die Mannschaft mit den Gerichten zufrieden ist und wir sie unseren Gästen servieren.

Eine Polizistin oder ein Polizist im Einsatz hingegen hat einen ganz anderen Anspruch an Verpflegung. Es muss schmecken, unkompliziert und transportabel sein. Vom Geschmack einmal abgesehen also das komplette Gegenteil von Sterneküche.

Mein Interesse war geweckt. Was essen Polizistinnen und Polizisten im Einsatz? Achten sie hauptsächlich auf gesunde Ernährung oder ist nach einem harten Einsatz eher Soul Food wie Currywurst mit Pommes rot-weiß gefragt? Wie sich nach einer Umfrage herausstellte, gab es auch hier die verschiedensten Persönlichkeiten mit den unterschiedlichsten Wünschen: Fisch, Fleisch, vegetarisch, vegan, deftig, raffiniert, es wurde die gesamte kulinarische Bandbreite genannt. Allen Antworten war gemein: Es geht in erster Linie um „Herz und Bauch"-Küche, um Gerichte, die guttun.

So entstand die Idee zu diesem Kochbuch, das mehr ist als ein Kochbuch. Es ist meine ganz persönliche Hommage an meine Heldinnen und Helden des Alltags. Das nämlich sind Polizistinnen und Polizisten für mich: Menschen, die Tag für Tag dafür sorgen, dass wir alle ruhig schlafen können. Die sich darum kümmern, dass wir friedlich zusammenleben, damit wir die Zeit und Muße haben, uns an einem leckeren Essen in geselliger Runde zu erfreuen. Diesen Heldinnen und Helden des Alltags möchte ich auf diesem Weg etwas Anerkennung und Aufmerksamkeit zukommen lassen.

Ich zeige hier nicht nur die Lieblingsgerichte einzelner Polizistinnen und Polizisten, sondern gewähre auch einen groben Einblick in die Struktur und die unterschiedlichen Einheiten der Bayerischen Polizei.

Die Gerichte, die ich aus zahlreichen Vorschlägen der Chefköche und -köchinnen der Bayerischen Bereitschaftspolizei für dieses Kochbuch ausgewählt habe, werfen auch ein Licht auf die Persönlichkeit und den Charakter der Helden, die Sie hier kennenlernen werden. Sie erfahren etwas über den Werdegang dieser Menschen, und wir erzählen auch ihre Geschichten.

Mit meinen Interpretationen ihrer Lieblingsgerichte möchte ich ganz persönlich „Danke" sagen für den unermüdlichen und bewundernswerten Einsatz, den sie Tag für Tag für uns alle bringen.

Ihr

Alexander Herrmann

»HELDENKÜCHE« IM EINSATZ – WIE FUNKTIONIERT DIESES BUCH?

Heldenküche" soll den Frauen und Männern ein kleines kulinarisches Denkmal setzen, die jeden Tag für unsere Sicherheit ihre Gesundheit aufs Spiel setzen. Es ist entstanden in Zusammenarbeit zwischen dem fränkischen Sternekoch Alexander Herrmann und der Bayerischen Polizei. Es zeigt verschiedene Einheiten, verschiedene Polizistinnen und Polizisten und deren Lieblingsgerichte in verschiedenen Variationen.

Doch der Reihe nach.

In Bayern gibt es insgesamt sieben Ausbildungszentren der Polizei. Ganz egal, ob ein Polizeianwärter später einmal auf einem Pferd oder in einem Hubschrauber sitzt oder sich um den Verkehr zu Wasser oder zu Lande kümmern wird – im Laufe seiner Ausbildung verbringt er mehrere Monate in einem dieser Zentren. Jedes davon unterhält eine eigene Kantine, in der ein professionelles Küchenteam sich um das leibliche Wohl kümmert. Das Ganze auf hohem Niveau, in einer extrem familiären Atmosphäre und bei Bedarf auch zu ungewöhnlichen Zeiten.

In diesem Buch geht es um die Polizei. Die Organisation. Die Strukturen dahinter – welche Einheiten gibt es, wie arbeiten sie zusammen, wo kommen sie zum Einsatz? Es geht um die Menschen. Was mögen sie an ihrem Beruf, warum machen sie ihn, welche Aspekte sind ihnen besonders wichtig? Und es geht um das, was sie gern essen – die Lieblingsgerichte der verschiedenen Beamtinnen und Beamten werden in Form eines Rezepts eines Profikochs der Bereitschaftspolizei präsentiert. Zu guter Letzt spannt dieses Buch den Bogen zu Sternekoch Alexander Herrmann, der diese Gerichte auf seine Weise interpretiert und variiert.

SCHUTZPOLIZEI

/ STREIFENDIENST
PP SCHWABEN NORD

SCHUTZPOLIZEI DIENSTGRUPPEN-LEITUNG

WER WIR SIND

Die Schutzpolizei ist das in der Bevölkerung nach außen als Erstes wahrnehmbare Gesicht und Rückgrat der Bayerischen Polizei.

Um rund um die Uhr für Bürgerinnen und Bürger ansprechbar zu sein, leistet ein Großteil der bayerischen Schutzpolizistinnen und Schutzpolizisten Schichtdienst in Dienstgruppen. Die anfallenden Tätigkeiten sind vielfältig und reichen von der Aufnahme eines Verkehrsunfalls oder einer Sachbeschädigung bis hin zum sogenannten Erstangriff bei einem Kapitalverbrechen.

Die Verantwortung für die Dienstgruppe übernimmt dabei die jeweilige Dienstgruppenleiterin beziehungsweise der Dienstgruppenleiter (DGL), die meistens im Hintergrund, bei größeren Einsatzlagen allerdings auch als Führungskraft vor Ort, ihre Dienstgruppen führen.

»DIENSTGRUPPEN-LEITERINNEN UND -LEITER BENÖTIGEN EINE FUNDIERTE RECHTLICHE UND TAKTISCHE AUSBILDUNG, UM POLIZEILICHE EINSATZLAGEN UMFASSEND BEWERTEN UND BEWÄLTIGEN ZU KÖNNEN.«

WAS WIR MACHEN

Die Tätigkeiten der DGL sind sehr vielfältig und anspruchsvoll. Bei polizeilichen Einsätzen stehen sie den Kolleginnen und Kollegen mit Rat und Tat zur Seite oder übernehmen selbst die Einsatzleitung.

Dabei bewerten sie die Lage rechtlich sowie taktisch und entscheiden unter anderem über den Einsatz besonderer Führungs- und Einsatzmittel. Sie veranlassen den Aufruf spezialisierter Dienststellen wie beispielsweise der Verkehrs- oder Kriminalpolizei und halten Kontakt zur Einsatzzentrale, der Dienststellenleitung und der Staatsanwaltschaft. Außerhalb der regulären Arbeitszeiten vertreten sie die Dienststellenleitung sowohl nach innen als auch nach außen.

Aufgaben wie die Kontrolle von Strafanzeigen vor dem Auslauf an die Staatsanwaltschaft oder die Urlaubs- und Freizeitplanung der Gruppenangehörigen liegen im Zuständigkeitsbereich der DGL.

WAS WIR BRAUCHEN

Dienstgruppenleiterinnen und -leiter benötigen eine fundierte rechtliche und taktische Ausbildung, um polizeiliche Einsatzlagen umfassend bewerten und bewältigen zu können.

Sie sind regelmäßig erster Ansprechpartner sowohl für alle Belange der Bürgerinnen und Bürger als auch für die ihrer Kolleginnen und Kollegen. Hier sind Menschenkenntnis und kommunikative Fähigkeiten wertvoll und notwendig.

Ihre Vorbildfunktion innerhalb der Dienstgruppe und ihrer jeweiligen Dienststelle erfordert Integrität und Sozialkompetenz.

Starke Teams, die rund um die Uhr für die Sicherheit der Bevölkerung Verantwortung tragen, brauchen starke Führungskräfte – die Dienstgruppenleiterinnen und Dienstgruppenleiter!

Auf Streifenfahrt mit Alexander Herrmann erklärt Sonja das vielfältige Aufgabenspektrum der DGL.
Im Außendienst übernehmen DGL in der Regel die Einsatzleitung vor Ort.

SONJA FÜR DIE POLIZEIINSPEKTION AICHACH

Schon als Kind beantwortete ich die Frage „Was möchtest du mal werden?" mit „Polizistin!". Für eine Polizistentochter auch nicht ganz abwegig. Und so fing ich tatsächlich mit bereits 16 Jahren als Polizeipraktikantin bei der Polizeiinspektion Aichach an und begann im März 2004 meine Ausbildung im mittleren Polizeivollzugsdienst.

Nun, 18 Jahre später, bin ich nach einigen Dienstjahren in München wieder zurück in Aichach und dort als Dienstgruppenleiterin im Schichtdienst eingesetzt. In unserer Dienstgruppe sind wir sieben Beamte und im 4-Schicht-System rund um die Uhr im Einsatz. Als Gruppenleiterin übernehme ich in unserer Schicht die Verantwortung sowohl im täglichen Dienst – beispielsweise bei der Einteilung der Streifenbesatzungen, der schichtinternen Dienstplanung et cetera – als auch vor Ort bei diversen Einsätzen. Natürlich fahre ich auch selbst Streife, nehme Strafanzeigen auf und bearbeite Verkehrsunfälle.

In den Nachtschichten beschäftige ich mich meist mit der Durchsicht der Anzeigen meiner Kollegen, bevor diese an die Staatsanwaltschaft auslaufen, und unterstütze sie in rechtlicher und fachlicher Hinsicht.

Was mir an meinem Job Spaß macht? Ich liebe die Abwechslung und die Tatsache, dass kein Tag wie der andere ist. Auch nach der langen Zeit finde ich es immer noch spannend, nicht genau zu wissen, was uns im Laufe der Schicht erwarten wird.

Neben der Verfolgung von Straftaten und Ordnungswidrigkeiten kommt es auch immer wieder zu verschiedenen Einsatzsituationen, in denen wir unseren Mitmenschen der klassische „Freund und Helfer" sein können. Besonders in Erinnerung ist mir hier ein älterer Herr geblieben.

Seine demenzkranke Frau war erst seit Kurzem im Altersheim untergebracht und plötzlich in einer kalten Winternacht aus dem Heim abgängig. Er war am Boden zerstört, hatte er doch nach 60 gemein-

STECKBRIEF

NAME: Sonja

ALTER: 35 Jahre

EINHEIT: PI Aichach

TÄTIGKEIT: Dienstgruppenleiterin

samen Jahren seine Frau schweren Herzens in Fremdbetreuung geben müssen, und nun war sie verschwunden.

Es kam eine zweite Streife, welche die Unterkunft vergeblich durchsuchte, ein Personensuchhund, der die Spur aufnahm, und dann irgendwann konnten wir Entwarnung geben: Die Frau wurde wohlbehalten aufgefunden und zurückgebracht.

Der Mann, tränenüberströmt vor Freude und Erleichterung, nahm die Hand seiner Frau und ging mit ihr gemeinsam zurück ins Heim, drehte sich an der

Auf der Dienststelle managen DGL den Wach- und Streifendienst.

Tür noch einmal um und rief: „Danke!" Solch ein Dankeschön ist immer noch das beste Honorar für unsere geleistete Arbeit.

Um diesen und ähnliche Einsätze erfolgreich meistern zu können, müssen wir natürlich auch etwas essen. Sollten es die Zeit und die Dienststärke zulassen, wird in der Nachtschicht gekocht. Da zwischen den Einsätzen meist wenig Zeit ist, muss es am besten schnell zubereitet und für mehrere Esser einfach herzustellen sein. Wenn ich die Gelegenheit habe, in der Kantine zu essen, freue ich mich immer sehr über Geflügelgerichte – ich liebe Hähnchen, gern auch etwas exotischer.

BUTTERMILK CHICKEN
»CRISPY STYLE«

FÜR 4 PERSONEN

Für das Buttermilk Chicken
4 Hähnchenkeulen
250 ml Buttermilch
1 EL Paprikapulver
Salz, Pfeffer
1 EL Worcestersauce
Saft von 1 Limette
8 EL Mehl
1 EL Speisestärke
1 l Rapsöl zum Frittieren

Für den Coleslaw
¼ Kopf Weißkraut
¼ Kopf Rotkraut
1 Karotte
1 kleines Bund Petersilie
1 kleines Bund Schnittlauch
Salz, Pfeffer
1 EL Zucker
1 EL mittelscharfer Senf
50 ml Apfelessig
100 g Sauerrahm
125 g griechischer Joghurt (10 % Fett)

Für die Süßkartoffel-Sticks
4 Süßkartoffeln
Salz, Pfeffer
1 TL Chiliflocken
2 TL dunkler Sesam
3 EL Olivenöl

Buttermilk Chicken

1. Die Hähnchenkeulen mit Küchenpapier trocken tupfen und am Gelenk durchteilen. Die Stücke in eine Schale legen. Buttermilch, Paprikapulver, Salz, Pfeffer, Worcestersauce und Limettensaft verrühren. Die Marinade über die Keulen gießen. Alles gut vermischen und die Keulen mindestens 8 Stunden marinieren lassen.

2. Mehl, Speisestärke und 1 Prise Salz in einer flachen Schale vermischen. Die Keulenstücke aus der Marinade nehmen, abtropfen lassen und in der Mehlmischung wälzen.

3. Das Öl in einem hohen Topf auf 160 °C erhitzen. Die Keulenstücke im heißen Öl in etwa 15 Minuten knusprig frittieren, dabei gelegentlich wenden. Herausnehmen und auf Küchenpapier abtropfen lassen.

Coleslaw

1. Weiß- und Rotkraut putzen und den Strunk entfernen. Die Viertel dann fein hobeln und jeweils 200 g abwiegen. Die Karotte schälen, grob raspeln und 80 g abwiegen. Petersilie und Schnittlauch waschen, trocken schütteln und fein schneiden.

2. Kraut, Karotte und Kräuter in eine Schüssel geben. Mit 1 ½ TL Salz, 1 Prise Pfeffer und Zucker würzen und leicht ankneten.

3. Senf, Apfelessig, Sauerrahm und Joghurt mit einem Schneebesen glatt verrühren. Das Dressing über den Salat gießen und sorgfältig untermischen.

Süßkartoffel-Sticks

1. Den Backofen auf 190 °C vorheizen, ein Backblech mit Backpapier belegen. Die Süßkartoffeln gründlich waschen und die Enden abschneiden. Die Knollen dann längs halbieren und in etwa 1 cm dicke Stäbchen (Sticks) schneiden.

2. Die Süßkartoffel-Sticks mit 1 EL Salz, 1 TL Pfeffer, Chiliflocken, Sesam und Olivenöl in einer Schüssel vermischen. Auf dem Backblech verteilen und im Ofen (Mitte) etwa 15 Minuten backen. Die Sticks dann wenden und in weiteren 15 Minuten goldbraun backen.

Fertigstellen Die frittierten Keulenstücke auf einer Platte anrichten. Mit dem Coleslaw und den Süßkartoffel-Sticks servieren.

TIPP

Ist das Frittieröl schon heiß genug? Das lässt sich leicht prüfen. Einfach einen Kochlöffelstiel ins Öl tauchen. Steigen daran Bläschen auf, hat das Öl die richtige Temperatur zum Frittieren erreicht.

CORNFLAKES CHICKEN

Für 2 Personen
600 g Hähnchenbrustfilet
2 Eier
1 TL Paprikapulver
Salz
100 g Cornflakes
80 g Mehl
Öl zum Frittieren

Cornflakes Chicken
1. Das Hähnchenbrustfilet mit Küchenpapier trocken tupfen und in fingerlange Streifen schneiden. Eier, Paprikapulver und 1 TL Salz in einer flachen Schale verquirlen.
2. Die Cornflakes in einen Gefrierbeutel füllen, verschließen und mit einem Nudelholz grob zerdrücken. In eine weitere flache Schale geben. Das Mehl in eine dritte Schale geben. Die Filetstreifen zuerst im Mehl, dann im Ei und zuletzt in den Cornflakes wälzen.
3. Ausreichend Öl in einem hohen Topf auf 160 °C erhitzen. Die panierten Filetstreifen im heißen Öl in drei Portionen knusprig frittieren. Herausnehmen, auf Küchenpapier abtropfen lassen und leicht salzen.

Fertigstellen Das Cornflakes Chicken auf zwei Tellern anrichten und servieren.

CRISPY CHICKEN MIT PANKO UND RAS EL HANOUT

Für 2 Personen
600 g ausgelöste Hähnchenkeulen
2 Eier
1 TL Ras el Hanout
Salz
100 g Panko (japanische Semmelbrösel)
20 g heller Sesam
5 g dunkler Sesam
80 g Mehl
Öl zum Frittieren

Crispy Chicken
1. Die Hähnchenkeulen trocken tupfen und in vier Stücke schneiden. Eier, Ras el Hanout und 1 TL Salz in einer flachen Schale verquirlen.
2. Panko und beide Sesamsorten in einer weiteren flachen Schale mischen. Das Mehl in eine dritte Schale geben. Die Hähnchenteile zuerst im Mehl, dann im Ei und zuletzt in der Panko-Sesam-Mischung wälzen.
3. Ausreichend Öl in einem hohen Topf auf 160 °C erhitzen. Die panierten Hähnchenteile im heißen Öl in drei Portionen knusprig frittieren. Herausnehmen, auf Küchenpapier abtropfen lassen und leicht salzen.

Fertigstellen Das Crispy Chicken auf zwei Tellern anrichten und servieren.

TAIWANESISCHES POPCORN CHICKEN

Für 2 Personen

600 g ausgelöste Hähnchenkeulen
2 EL Sojasauce
1 Eiweiß
2 TL Fünf-Gewürze-Pulver (Five Spice)
1 EL Zucker
Salz, weißer Pfeffer
1 Bund Thai-Basilikum (15 g, oder Basilikum)
180 g Kartoffelstärke (oder Tapioka-stärke)
Öl zum Frittieren

Popcorn Chicken

1. Die Hähnchenkeulen trocken tupfen, in 1 cm große Stücke schneiden und in eine Schüssel geben. Sojasauce, Eiweiß, 1 TL Fünf-Gewürze-Pulver, Zucker, 1 EL Salz und 1 TL Pfeffer zugeben. Alles gut durchmischen und das Fleisch zugedeckt bei Raumtemperatur 1 Stunde (besser über Nacht im Kühlschrank) marinieren lassen.

2. Danach das Thai-Basilikum waschen, gut trocken schütteln und die Blätter abzupfen.

3. Die Kartoffelstärke mit dem übrigen Fünf-Gewürze-Pulver (1 TL), ½ TL Salz und ½ TL Pfeffer vermischen. Die Mischung zum Fleisch geben und mit den Händen gut einmassieren, bis sich kleine Stärkeklümpchen bilden. Diese werden beim Frittieren extraknusprig.

4. Ausreichend Öl in einem hohen Topf auf 160 °C erhitzen. Die Hähnchenstücke im heißen Öl in drei Portionen knusprig frittieren. Herausnehmen, auf Küchenpapier abtropfen lassen und leicht salzen.

5. Zuletzt die Basilikumblätter in das heiße Öl geben und 20–30 Sekunden frittieren. Dabei sofort einen Deckel darüberhalten, damit es nicht so stark spritzt.

Fertigstellen Das Popcorn Chicken auf zwei Tellern anrichten, mit dem frittierten Basilikum bestreuen und servieren.

TIPP

Fünf-Gewürze-Pulver (Five Spice) ist eine klassische chinesische Würz-mischung aus Szechuanpfeffer, Sternanis, Gewürznelken, Zimt und Fenchelsamen. Sie duftet blumig-würzig, schmeckt leicht bitter und passt perfekt zu Geflügel.

KRIMINALPOLIZEI
/ KRIMINALDAUERDIENST
PP OBERPFALZ

KRIMINALDAUERDIENST

IN BAYERN STELLT DIE KRIMINAL-POLIZEI EINEN TEIL DER LANDES-POLIZEI DAR.

WER WIR SIND

Die Bayerische Polizei ist in verschiedene Bereiche aufgeteilt, unter anderem in die Schutz- und Kriminalpolizei. Je nach Straftat ergibt sich die Zuständigkeit der Bearbeitung. Vereinfacht gesagt fällt die Bearbeitung von Kapitaldelikten und Delikten mit hoher Strafandrohung in die Zuständigkeit der Kriminalpolizei. Hierzu gehören beispielsweise schwere Gewalttaten bis hin zu Tötungsdelikten, alle nicht geklärten und nicht natürlichen Todesfälle, Sexualdelikte, Raub und Erpressung, Wohnungs- und Geschäftseinbrüche, Brandfälle, schwere Rauschgiftkriminalität und länger vermisste Personen.

Die Kriminalpolizei teilt sich in verschiedene fachspezifische Kommissariate auf. Ein Kommissariat davon ist der Kriminaldauerdienst – kurz KDD. Der KDD ist die 24/7-Bereitschaft der Kriminalpolizei und in erster Linie für die ersten Ermittlungsmaßnahmen und die Spurensicherung zuständig.

Tatortarbeit: Hier wird gerade fotografisch dokumentiert, wie und wo ein entwendeter Tresor aufgefunden wurde.

Franziska untersucht einen ausgebrannten Radlader, um festzustellen, ob der Brand in einem Steinmetzbetrieb von diesem Fahrzeug ausging.

WAS WIR MACHEN

Den überwiegenden Anteil unserer Arbeit bilden Todesfallermittlungen. Wenn es Anhaltspunkte für einen nicht geklärten oder nicht natürlichen Tod gibt, übernimmt der KDD die Ermittlungen, um auszuschließen, dass dem oder der Verstorbenen etwas angetan wurde. Außerhalb der Bürozeiten der übrigen Kommissariate trifft der Kriminaldauerdienst die notwendigen Maßnahmen bei Fällen, die in das Ressort der Kriminalpolizei fallen, bis das Fachkommissariat die weitere Sachbearbeitung übernimmt.

WAS WIR BRAUCHEN

Die polizeiliche Ausbildung beziehungsweise das Studium vermitteln bereits erforderliche Grundkenntnisse. Bei theoretischen und praktischen Unterweisungen sowie in speziellen Seminaren eignen sich die Beamtinnen und Beamten zudem spezielles Wissen an, das für die Arbeit der Kriminalpolizei ein gutes Grundgerüst bildet. Hierzu gehören zum Beispiel Vernehmungstaktiken, Tatortarbeit, das Erkennen von Anzeichen für Gewalteinwirkung auf den Körper und vieles mehr. Erst mit den Jahren und weiteren Fortbildungen reift man schließlich zu einem guten „Kriminaler".

ANFORDERUNGEN:

- Stressstabilität und Belastbarkeit
- Kriminalistischer Spürsinn
- Bereitschaft zur Leichensachbearbeitung
- Empathiefähigkeit
- Entscheidungsfreude
- Teamfähigkeit
- Hohe Einsatzbereitschaft
- Ausgeprägte kommunikative Fähigkeiten
- Gute mündliche und schriftliche Ausdrucksfähigkeit

1

2

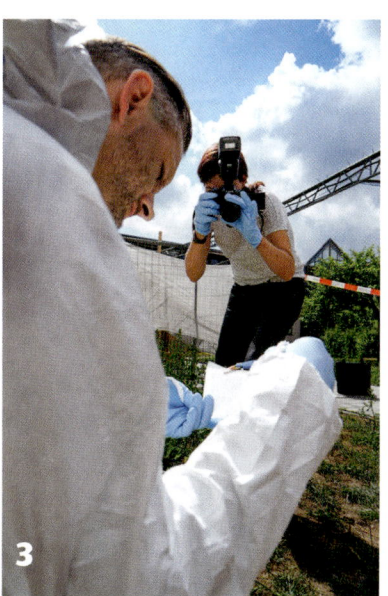

3

4

1/ Sicherung von DNA- und Werkzeugspuren am Tresorgehäuse.

2/ Sicherung von Fingerabdrücken für die spätere Auswertung.

3/ Beweissicherung der festgestellten Spuren durch Fotografie.

4/ Begehung einer Brandruine mit Sachverständigen zur Ermittlung der Brandursache.

FRANZISKA FÜR DIE KRIMINALPOLIZEI-INSPEKTION WEIDEN

STECKBRIEF

NAME: Franziska

ALTER: 43 Jahre

EINHEIT: Kriminalpolizei-inspektion Weiden

TÄTIGKEIT: Kriminal-dauerdienst

Mein Name ist Franziska. Ich bin 43 Jahre alt und seit 20 Jahren bei der Bayerischen Polizei. Erst mit 23 Jahren entschloss ich mich, zur Polizei zu gehen. Zuvor absolvierte ich eine Lehre als Bürokauffrau und arbeitete anschließend im Büro. Dies erfüllte mich allerdings nicht, und ich suchte nach etwas Interessanterem. Zufällig entdeckte ich in der Zeitung eine Annonce der Polizei, die noch Bewerber zur Ausbildung suchte.

Sofort war mir klar: Das ist es – und ich bewarb mich bei der Polizei. Diesen Schritt habe ich bis heute nicht bereut.

2007 wurden die Kriminaldauerdienste auch in den ländlichen Bereichen eingeführt. Ich fand dies interessant und bewarb mich für den Kriminaldauerdienst der Kriminalpolizeiinspektion Bayreuth.

Nach einem erfolgreichen Auswahlgespräch trat ich am 1. Februar 2007 meinen Dienst bei der Kriminalpolizeiinspektion Bayreuth an.

Zunächst sammelte ich ein paar Wochen lang Erfahrungen in den einzelnen Fachkommissariaten, bevor ich in einem sechswöchigen Kriminal-Basis-Lehrgang auf meine Arbeit beim KDD vorbereitet und in verschiedensten Themen fortgebildet wurde.

Wie das Leben so spielt, lernte ich auch meinen Lebensgefährten bei der Polizei kennen. 2013 verschlug es mich dann der Liebe wegen in die schöne Oberpfalz, wo 2013 und 2016 unsere beiden Söhne zur Welt kamen. Schließlich wechselte ich zum 1. Mai 2017 aus familiären Gründen zum Kriminaldauerdienst der Kripo Weiden. Seitdem arbeite ich beim KDD im flexiblen Schichtdienst. Dadurch kann ich Familie und Beruf gut in Einklang bringen. Die Arbeit ist sehr abwechslungsreich und macht mir immer noch viel Spaß. Das liegt auch daran, dass ich immer mit tollen Kollegen und Kolleginnen zusammenarbeiten durfte und darf. Man weiß nie, was einen am nächsten Morgen erwartet, das macht es für mich abwechslungsreich und spannend.

Da wir häufig mit emotionalen und belastenden Einsätzen konfrontiert werden, bin ich dankbar, eine tolle und gesunde Familie zu haben. Einen Ausgleich zu den Ereignissen fand ich früher auch durch mein Hobby, das Reiten. Im Laufe der Zeit kam das aber leider etwas zu kurz. Dafür habe ich jetzt zwei fußballbegeisterte Söhne, mit denen ich ständig unterwegs bin.

In den 15 Jahren KDD war ich an sehr vielen interessanten Einsätzen beteiligt und zur Stärkung auch in der einen oder anderen Kantine. Besonders geschmeckt haben mir immer die Fleischpflanzerl mit Kartoffelstampf und Gelbe-Rüben-Gemüse. Ich bin schon ganz gespannt, welche Variationen Alexander Herrmann daraus zaubern wird.

Am Fundort des Tresors machen sich Franziska und ihre Kollegen auf die Suche nach vermeintlichen Aufbruchwerkzeugen und weiteren relevanten Tatortspuren.

FLEISCHPFLANZERL
AUF ZOIGLBIERSAUCE
MIT KARTOFFELSTAMPF & GELBE-RÜBEN-GEMÜSE

FÜR 4 PERSONEN

Fleischpflanzerl und Zoiglbiersauce

1 Brötchen vom Vortag
(oder 2 Scheiben Toastbrot)
2 Zwiebeln
1 kleine Knoblauchzehe
2 EL Butter
600 g gemischtes Hackfleisch
1 TL mittelscharfer Senf
Salz, Pfeffer
2 TL edelsüßes Paprikapulver
1 TL frisch gehackter Majoran
1 EL gehackte Petersilie
1 Ei (Gr. L)
1 EL Öl
1 TL Tomatenmark
1 EL Mehl
150 ml Gelbe-Rüben-Kochsud
(oder Fleischbrühe)
100 ml Zoiglbier (restliche Flasche
kühlen)

Für den Kartoffelstampf

800 g mehligkochende Kartoffeln
Salz, Pfeffer
200 ml Milch
60 g Butter
1 Prise frisch geriebene Muskatnuss

Für das Gelbe-Rüben-Gemüse

800 g daumendicke Gelbe Rüben
500 ml Gemüsebrühe
1 kleine Zwiebel
40 g Butter
Salz, Pfeffer
1 Prise Zucker
1 EL grob gehackte Petersilie

Außerdem

2 Frühlingszwiebeln

Fleischpflanzerl

1. Das Brötchen in lauwarmem Wasser einweichen. Zwiebeln und Knoblauch schälen und fein würfeln. 1 EL Butter in einer Pfanne erhitzen und die Hälfte der Zwiebelwürfel darin bei mittlerer Hitze etwa 2 Minuten anbraten. Vom Herd nehmen und kurz abkühlen lassen.

2. Hackfleisch, gebratene Zwiebel, Knoblauch, Senf, Salz, Pfeffer, Paprikapulver, Majoran und Petersilie in einer großen Schüssel vermischen. Das Ei in einer Tasse verquirlen, das Brötchen gut ausdrücken. Beides zur Hackfleischmasse geben und alles mit den Händen gut verkneten. Dann aus der Hackfleischmasse mit angefeuchteten Händen 8 Fleischpflanzerl formen.

3. Öl und übrige Butter (1 EL) in der Pfanne erhitzen und die Fleischpflanzerl darin von jeder Seite in 3–4 Minuten knusprig goldgelb braten. Aus der Pfanne nehmen und auf einer Servierplatte warm stellen.

Kartoffelstampf

1. Die Kartoffeln waschen und in kochendem Salzwasser in 20–30 Minuten weich garen. Danach abgießen, ausdampfen lassen und pellen.

2. Milch und Butter in einem Topf leicht erwärmen, bis die Butter geschmolzen ist. Die Kartoffeln in einer Schüssel mit einem Kartoffelstampfer zerdrücken. Die warme Milch darübergießen und unterrühren. Den Stampf mit Salz, Pfeffer und Muskatnuss abschmecken und warm stellen.

Gelbe-Rüben-Gemüse

1. Die Gelben Rüben schälen und in der kochenden Gemüsebrühe in 6–8 Minuten bissfest garen. Die Rüben herausheben, 150 ml Kochsud abnehmen und für die Zoiglbiersauce beiseitestellen. Die Gelben Rüben etwas abkühlen lassen, dann in dünne Scheiben schneiden.

2. Die Zwiebel schälen und fein würfeln. Die Butter in einem Topf erhitzen und die Zwiebel darin andünsten. Die Gelben Rüben zugeben, mit Salz, Pfeffer und Zucker würzen und die Petersilie einrühren.

Fertigstellen Zoiglbiersauce Die restlichen Zwiebelwürfel im Bratfett der Fleischpflanzerl anbraten. Das Tomatenmark einrühren und anrösten. Dann das Mehl zugeben und ebenfalls leicht anrösten. Mit Gelbe-Rüben-Kochsud und Bier ablöschen und einkochen lassen. Die Sauce mit Salz und Pfeffer würzen.

Fertigstellen Die Frühlingszwiebeln putzen, waschen und in feine Ringe schneiden. Über die Fleischpflanzerl streuen. Die Fleischpflanzerl mit Zoiglbiersauce, Kartoffelstampf und Gelbe-Rüben-Gemüse servieren. Das restliche Zoiglbier dazu reichen.

ZOIGLBIER

Wer es nicht kennt: Zoiglbier ist ein handwerklich gebrautes untergäriges Bier und eine Spezialität der Oberpfalz. Seit 2018 zählt die eng mit dem Bier verbundene Oberpfälzer Zoiglkultur zum immateriellen Kulturerbe Bayerns.

FLEISCHPFLANZERL MIT BERGKÄSE

Für 2 Personen

1 Brötchen vom Vortag
50 ml lauwarme Milch
1 Zwiebel
150 g Bergkäse
4 Stängel Majoran (5 g)
4 Stängel Petersilie (5 g)
400 g gemischtes Hackfleisch (Rind und Schwein)
1 Ei
50 g Semmelbrösel
1 TL Senf
Salz, Pfeffer
3 EL Butterschmalz

Fleischpflanzerl

1. Das Brötchen in Scheiben schneiden und in eine Schüssel geben. Mit der lauwarmen Milch übergießen und 10 Minuten einweichen. Die Zwiebel schälen und fein würfeln. Den Bergkäse in kleine Würfel schneiden. Majoran und Petersilie waschen und trocken schütteln. Die Blätter abzupfen und fein schneiden.
2. Hackfleisch, Ei, Semmelbrösel, Senf, ½ TL Salz, Pfeffer und gehackte Kräuter zum eingeweichten Brötchen geben. Alles mit den Händen verkneten. Zuletzt den Bergkäse unterkneten und aus der Hackfleischmasse mit angefeuchteten Händen 6 Fleischpflanzerl formen.
3. Das Butterschmalz in einer Pfanne erhitzen und die Fleischpflanzerl darin von jeder Seite in 2–3 Minuten kräftig goldbraun anbraten. Dann die Hitze reduzieren und die Pflanzerl weitere 15 Minuten garen. Die Pflanzerl dabei regelmäßig wenden, damit sie gleichmäßig garen.

Fertigstellen Die Fleischpflanzerl auf zwei Tellern anrichten und servieren.

WALNUSS-FLEISCHPFLANZERL AUS DEM OFEN

Für 2 Personen

50 g Walnusskerne
30 g Rosinen
1 Knoblauchzehe
8 Stängel Petersilie (10 g)
8 Stängel Dill (10 g)
400 g Rinderhackfleisch
1 Ei
50 g Semmelbrösel
abgeriebene Schale von 1 Bio-Zitrone
½ TL Chiliflocken
Salz, schwarzer Pfeffer
50 ml Olivenöl

Fleischpflanzerl

1. Den Backofen auf 220 °C vorheizen. Die Walnüsse grob hacken, die Rosinen fein hacken. Den Knoblauch schälen und fein würfeln. Petersilie und Dill waschen und trocken schütteln. Blätter und Spitzen abzupfen und fein schneiden.
2. Hackfleisch, Ei, Semmelbrösel, Zitronenschale, Chiliflocken, ½ TL Salz und Pfeffer in eine große Schüssel geben. Walnüsse, Rosinen, Knoblauch und Kräuter zufügen und alles mit den Händen gut verkneten. Dann aus der Hackfleischmasse mit angefeuchteten Händen golfballgroße Kugeln formen.
3. Das Olivenöl auf einem Backblech verteilen. Die Hackfleischbällchen darauflegen und das Blech schwenken, bis alle Bällchen mit Öl überzogen sind. Die Bällchen im Ofen (Mitte) in 15 Minuten knusprig braun backen.

Fertigstellen Die Fleischpflanzerl auf zwei Tellern anrichten und servieren.

MEDITERRANE SALSICCIA-PFLANZERL

Für 2 Personen
6 Zweige Thymian (5 g)
2 Zweige Rosmarin (5 g)
60 g getrocknete Tomaten
60 g schwarze Oliven in Öl (entsteint)
400 g frische Fenchel-Salsiccia (italienische Bratwurst)
1 Ei
40 g Semmelbrösel
50 ml Olivenöl

Fleischpflanzerl
1. Den Backofen auf 220 °C vorheizen. Thymian und Rosmarin waschen und trocken schütteln. Blätter und Nadeln von den Zweigen zupfen und grob schneiden. Getrocknete Tomaten und Oliven grob hacken.
2. Das Salsiccia-Brät aus der Pelle drücken und in eine Schüssel geben. Ei, Semmelbrösel, Kräuter, Tomaten und Oliven zufügen und alles mit den Händen gut verkneten. Dann aus der Salsiccia-Masse mit angefeuchteten Händen golfballgroße Kugeln formen.
3. Das Olivenöl auf einem Backblech verteilen. Die Salsiccia-Bällchen darauflegen und das Blech schwenken, bis alle Bällchen mit Öl überzogen sind. Die Bällchen im Ofen (Mitte) in 15 Minuten knusprig braun backen.

Fertigstellen Die Salsiccia-Pflanzerl auf zwei Tellern anrichten und servieren.

SALSICCIA
Die grobe italienische Bratwurst besteht meist aus reinem Schweinefleisch und wird je nach Region unterschiedlich gewürzt. Hier gibt Fenchel-Salsiccia den Fleischpflanzerln ein würzig-mediterranes Aroma.

GESCHLOSSENE EINHEIT

/UNTERSTÜTZUNGS-
KOMMANDO
BAYERISCHE
BEREITSCHAFTSPOLIZEI

USK – BAYERN

WER WIR SIND

In jedem deutschen Bundesland sind besonders ausgebildete und hochspezialisierte Beweissicherungs- und Festnahmeeinheiten (BFE) für schwierige Einsätze Teil der Polizei.

In Bayern heißen diese Einheiten Unterstützungskommando – kurz USK – und sind an mehreren Standorten im ganzen Bundesland zu Hause. Gegründet wurden diese professionellen Einsatzeinheiten 1987 aufgrund von zunehmend gewalttätigen Ausschreitungen bei Demonstrationen wie beispielsweise beim Bau der Startbahn West am Frankfurter Flughafen. Aktuell arbeiten ungefähr 500 Männer und Frauen bei den Unterstützungskommandos in Bayern.

Einsatz beim Fußball:
Das USK begleitet einen
Fanmarsch anlässlich eines
Hochrisikospiels.

Das USK übt die Zusammenarbeit mit den Wasserwerfern. Solche Übungen finden regelmäßig statt, um für alle Einsatzlagen gewappnet zu sein.

WAS WIR MACHEN

Das USK wird immer in größeren Teams, sogenannten Zügen, eingesetzt und meistens dann, wenn es gefährlich wird oder gefährlich werden könnte. Insbesondere ist das bei Veranstaltungen oder Versammlungen mit gewaltbereiten Teilnehmern oder bei Razzien und Durchsuchungen, zum Beispiel im Rauschgiftmilieu, der Fall. Unser Ziel ist es dabei, Gewalttätigkeiten zu verhindern oder, wenn das nicht mehr möglich ist, Gewalttätigkeiten zügig zu beenden. Dabei ist es uns weiterhin wichtig, möglichst viele Beweise zu sichern und Straftäter festzunehmen.

WAS WIR BRAUCHEN

Die Einsätze des USK bedeuten oft ein hohes eigenes Risiko für Gesundheit und Leben. Bevor es in den Einsatz geht, ist deshalb eine gut sechsmonatige Spezialausbildung erforderlich. In diesen Wochen werden die jungen Kolleginnen und Kollegen körperlich und mental auf die kommenden Herausforderungen vorbereitet. Physische und psychische Belastbarkeit sowie taktisches Verständnis sind die Grundlagen, um auch in brenzligen Situationen besonnen und handlungsfähig zu bleiben. Jeder muss sich im Ernstfall auf den anderen verlassen können. Eine moderne und funktionale Ausstattung gehört natürlich ebenfalls dazu.

ANFORDERUNGEN:

- Hohe Einsatzbereitschaft
- Teamfähigkeit
- Körperliche Fitness
- Besonnenheit
- Hohe Stressresistenz
- Rasche Auffassungsgabe
- Kommunikationsfähigkeit

GRUNDSÄTZE:

- Schnelligkeit
- Deeskalation
- Geschlossenheit
- Konsequentes Einschreiten
- Entschlossenheit

MAX FÜR DAS USK
DER BAYERISCHEN BEREITSCHAFTSPOLIZEI

WARUM BIST DU ZUR POLIZEI?

Ich bin zur Polizei, da ich zu mehr Sicherheit und Gerechtigkeit beitragen möchte. Außerdem suche ich die Herausforderung und arbeite gern im Team.

WAS GENAU MACHST DU DA?

Ich bin Gruppenführer beim Unterstützungskommando in Dachau. Hierbei führe ich ein Team von zwölf Personen in den verschiedenen Einsatzlagen. Außerdem bin ich Ausbilder für Einsatzkonzepte sowie spezielle Einsatzmittel des USK und als Kettenhemd- und Taser-Multiplikator auch dafür zuständig, meine Kolleginnen und Kollegen mithilfe von Vorträgen und praktischen Übungen in deren Handhabung zu schulen.

WAS MACHT DIR DARAN SPASS?

Ich arbeite gern im Team, bin sportlich aktiv und bewältige gern schwierige Einsatzlagen. Zudem macht es mir Spaß, meine Kollegen fortzubilden.

WIE SIEHT EIN TYPISCHER TAG BEI DIR AUS?

Meistens fahre ich mit dem Fahrrad zur Arbeit. Ein normaler Tagdienst mit Fortbildungsinhalt beginnt mit einer kurzen Besprechung im Führungsteam zu Dienstbeginn. Vormittags gibt es dann die erste Trainingseinheit, meist zu polizeitaktischem Vorgehen. Nach Beendigung der Einheit gehen wir gemeinsam zum Mittagessen in unsere Polizeikantine. Im Anschluss folgt eine weitere Fortbildungseinheit, zum Beispiel mit dem Schwerpunkt lebensbedrohliche Einsatzlagen, sowie eine Trainingseinheit mit dem Schwerpunkt Krafttraining oder Ausdauer.

Ein Einsatztag startet grundsätzlich auch mit einer kurzen Besprechung im Führungsteam. Im Anschluss wird die für die Bewältigung der Einsatzlage notwendige Ausrüstung zusammengestellt, und dann geht es auch schon los.

STECKBRIEF

NAME: Max

ALTER: 31 Jahre

EINHEIT: VI. Bereitschaftspolizeiabteilung Dachau, Unterstützungskommando (USK)

TÄTIGKEIT: Gruppenführer

Immer wieder einmal kommt es auch vor, dass wir aufgrund von außergewöhnlichen Einsatzlagen (Amoklauf, Unglücksfälle, Katastrophen, Unterstützungseinsätze für Polizeidienststellen) kurzfristig alarmiert werden und Unterstützung leisten. Hierzu haben wir Bereitschaftszeiten und müssen telefonisch rund um die Uhr erreichbar sein.

WIE VERBRINGST DU DEINE FREIZEIT?

In meiner Freizeit gehe ich gern wandern, in den Kraftraum oder fahre größere Mountainbike-Touren. Im Winter gehe ich gern Skifahren. Außerdem schraube ich mit Vergnügen an alten Vespas herum und mache Ausflüge mit ihnen. Mit meiner Frau bin ich oft auf Reisen oder gehe mit Freunden in gute Restaurants zum Abendessen.

KANNST DU UNS VON EINEM BESONDEREN (EMOTIONALEN, LUSTIGEN, AUSSERGEWÖHNLICHEN) EREIGNIS AUS DEINER KARRIERE BERICHTEN?

Am emotionalsten waren natürlich die Einsätze im Rahmen des G-20-Gipfels in Hamburg. Der Einsatz hat sich über eine lange Zeit gestreckt und hat ein hohes Ausmaß an physischer und psychischer Belastbarkeit gefordert.

Eine Besichtigung des Einsatzortes gehört zur Einsatzvorbereitung dazu.

MAX ZEIGT ALEXANDER HERRMANN DIE SOGENANNTE KÖRPER-SCHUTZAUSSTATTUNG INKLUSIVE HELM, DIE BEI DEN MEISTEN EINSÄT-ZEN GETRAGEN WIRD.

WAS ISST DU SO IM DIENST?

Wenn ich nicht in der Kantine bin, esse ich im Dienst meist ein Müsli mit Haferflocken, Nüssen und Obst. Ansonsten gibt es Bananen, Eiweißriegel und Studentenfutter.

ALEXANDER HERRMANN KOCHT FÜR DICH. WELCHES REZEPT DARF ER FÜR DICH VARIIEREN?

Da ich als Mitglied des Unterstützungskommandos bayernweit unterwegs bin, kenne ich die Kantinen der bayerischen Polizei inzwischen ziemlich gut. Das mit Abstand beste Zwiebelfleisch, das ich je gegessen habe, gab es in der Kantine der Zentralen Diensthundeschule in Herzogau: butterzart, saftig, würzig. Ich bin schon sehr gespannt auf das Originalrezept und auf die Varianten von Alexander Herrmann.

Die USK-Körperschutzausstattung inklusive Overall, Waffengurt, Einsatzstiefeln und Funkgeräten wiegt etwa 28 kg.

ZWIEBELFLEISCH VOM SCHWEIN

FÜR 4 PERSONEN

Für das Zwiebelfleisch

150 g Zwiebeln
80 g Knollensellerie
80 g Karotten
120 g Lauch
8 Stängel Petersilie (10 g)
2 Knoblauchzehen
500 ml Fleischbrühe
800 g Schweinehals
40–50 g mittelscharfer Senf
Salz, Pfeffer
4–5 g Kümmelsamen

Für die Sauce

35 g Speisestärke
250 g Zwiebeln
75 g Butter

Für die Röstzwiebeln

120 g Zwiebeln
3 EL Mehl
½ TL Paprikapulver
Öl zum Frittieren

Zwiebelfleisch

1. Den Backofen auf 200 °C vorheizen. Zwiebeln, Sellerie und Karotten schälen und grob würfeln. Den Lauch putzen, waschen und in grobe Ringe schneiden. Die Petersilie waschen und trocken schütteln. 1 Knoblauchzehe schälen und hacken.

2. Gemüsewürfel, Petersilie und gehackten Knoblauch in einem Bräter verteilen und diesen in den Ofen schieben. Die Ofentemperatur auf 180 °C reduzieren und das Gemüse offen 5–10 Minuten rösten. Danach die Fleischbrühe zugießen.

3. Inzwischen die restliche Knoblauchzehe schälen und halbieren. Den Schweinehals mit dem Knoblauch einreiben, mit Senf bestreichen und mit Salz, Pfeffer und Kümmel würzen.

4. Das Fleisch dann auf das Röstgemüse im Bräter legen. Die Ofentemperatur auf 160 °C reduzieren und das Fleisch im Ofen 1 ½–2 Stunden braten, dabei gelegentlich wenden.

5. Danach den Schweinehals aus dem Bräter nehmen und bis zum Servieren im Backofen warm halten. Das Röstgemüse durch ein Sieb streichen und die Bratensauce in einem Topf auffangen.

Sauce

1. Die aufgefangene Bratensauce aufkochen. Die Speisestärke mit 3 EL Wasser verquirlen, in die kochende Sauce rühren und diese binden.

2. Die Zwiebeln schälen, halbieren und in Ringe schneiden. Die Butter in einer Pfanne erhitzen und die Zwiebeln darin glasig andünsten. Die Sauce zu den gedünsteten Zwiebeln gießen und alles verrühren.

Röstzwiebeln

1. Die Zwiebeln schälen und in feine Ringe scheiden. Die Zwiebelringe mit Mehl und Paprikapulver vermischen.

2. Ausreichend Öl in einer hohen Pfanne oder in einem Topf erhitzen und die Zwiebelringe darin goldgelb frittieren. Herausnehmen und auf Küchenpapier abtropfen lassen.

Fertigstellen Das Fleisch in Scheiben schneiden und auf einer Servierplatte anrichten. Mit den Röstzwiebeln garnieren und mit der Sauce servieren. Dazu passen Petersilienkartoffeln.

SZEGEDINER GULASCH

Für 4 Personen

500 g Schweinenacken
1 TL edelsüßes Paprikapulver
1 TL geräuchertes Paprikapulver
30 ml Öl
2 Zwiebeln
1 Knoblauchzehe
1 EL Tomatenmark
Salz, Pfeffer
50 ml Weißwein
400 ml Geflügelfond
1 Lorbeerblatt
1 EL Kümmelsamen
250 g Sauerkraut

Außerdem

50 g Sauerrahm

Szegediner Gulasch

1. Das Fleisch in Würfel schneiden. Die Fleischwürfel in einer Schüssel mit edelsüßem und geräuchertem Paprikapulver und der Hälfte vom Öl vermischen. Das Fleisch dann 2 Stunden im Kühlschrank durchziehen lassen.

2. Die Zwiebeln schälen und in Streifen schneiden. Den Knoblauch schälen und hacken.

3. Das restliche Öl (15 ml) in einem großen Topf erhitzen und die Fleischwürfel darin rundum scharf anbraten. Herausnehmen und beiseitestellen. Dann Zwiebeln und Knoblauch im Bratfett glasig andünsten. Das Tomatenmark kurz mitrösten.

4. Das Fleisch wieder in den Topf geben und mit Salz und Pfeffer würzen. Mit dem Weißwein ablöschen und diesen kurz einkochen lassen. Geflügelfond, Lorbeer und Kümmel zufügen und das Gulasch zugedeckt 1 Stunde köcheln lassen.

5. Danach das Sauerkraut unterheben und das Gulasch noch 30 Minuten weiterköcheln lassen. Zuletzt mit Salz und Pfeffer abschmecken.

Fertigstellen

Das Gulasch auf vier Tellern anrichten und mit dem Sauerrahm servieren.

SCHASCHLIK MIT PAPRIKA UND ZWIEBEL

Für 2 Personen

300 g Schweinenacken
150 g Bauchspeck
1 rote Paprika
2 Zwiebeln
3 EL Tomatenmark
400 ml Gemüsebrühe
30 ml Weißweinessig
1 TL edelsüßes Paprikapulver
1 TL geräuchertes Paprikapulver
¼ TL Cayennepfeffer
3 EL Zuckerrübensirup
1 EL Worcestersauce
Salz
Öl zum Braten

Außerdem

6 Schaschlikspieße

Schaschlik

1. Schweinenacken und Bauchspeck in gleich große Scheiben schneiden. Die Paprika waschen, halbieren, weiße Trennwände und Kerne entfernen. Eine Paprikahälfte in Stücke in Größe der Fleischscheiben schneiden, die andere Hälfte in Streifen schneiden. Die Zwiebeln schälen. 1 Zwiebel halbieren und in die einzelnen Schichten zerteilen. Die zweite Zwiebel in Streifen schneiden.

2. Fleisch, Speck, Paprikastücke und Zwiebelstücke abwechselnd auf die Spieße stecken.

3. Den Backofen auf 160 °C vorheizen. Tomatenmark, Brühe, Essig, beide Paprikapulver, Cayennepfeffer, Rübensirup, Worcestersauce und 1 TL Salz verrühren. Paprika- und Zwiebelstreifen untermischen.

4. Etwas Öl in einem Bräter erhitzen und die Spieße darin rundum anbraten. Die Paprika-Zwiebel-Sauce zugießen und die Spieße im Ofen etwa 1 ½ Stunden garen. Dabei nach der Hälfte der Garzeit einmal wenden.

Fertigstellen

Die Schaschliks aus dem Ofen nehmen. Mit der Paprika-Zwiebel-Sauce auf zwei Tellern anrichten und servieren.

ÜBERBACKENES SCHWEINERAGOUT

Für 2 Personen

500 ml Geflügelfond
3 Pimentkörner
1 Lorbeerblatt
300 g magere Schweineschnitzel
(aus Schulter oder Nuss)
1 Zwiebel
2 EL Butter
1 EL Mehl
100 ml Weißwein
Saft von ½ Zitrone
1 TL Worcestersauce
¼ TL frisch geriebene Muskatnuss
1 Spritzer Tabasco
Salz, Pfeffer
100 g Gruyère

Außerdem

2 ofenfeste Portionsförmchen

Schweineragout

1. Den Fond mit Piment und Lorbeer in einem Topf aufkochen. Die Schnitzel in den Fond legen und bei schwacher Hitze 30 Minuten ziehen lassen. Danach im Fond auskühlen lassen.

2. Das Fleisch aus dem Fond nehmen und in mundgerechte Stücke schneiden, den Fond für die Sauce beiseitestellen. Die Zwiebel schälen und in feine Würfel schneiden. Den Backofen auf 220 °C vorheizen.

3. Die Butter in einem Topf erhitzen und die Zwiebel darin glasig andünsten. Das Mehl einrühren und kurz anschwitzen. Mit dem Weißwein ablöschen und diesen etwas einkochen lassen. Dann 400 ml Fond zugießen und alles unter Rühren aufkochen lassen.

4. Die Sauce mit Zitronensaft, Worcestersauce, Muskatnuss, Tabasco, Salz und Pfeffer abschmecken. Dann die Fleischstücke unterheben.

5. Den Gruyère reiben. Das Ragout auf die Portionsförmchen verteilen und mit dem geriebenen Käse bestreuen. Im Ofen 10 Minuten überbacken.

Fertigstellen

Das überbackene Schweineragout aus dem Ofen nehmen und in den Portions-förmchen servieren. Dazu schmeckt Toast.

VERKEHRS-POLIZEI

/ MOTORRADSTAFFEL
PP OBERBAYERN NORD

VERKEHRSPOLIZEI MOTORRADSTAFFEL

»DER ARBEITSPLATZ AUTOBAHN IST NICHT ZULETZT WEGEN DER TEILWEISE SEHR HOHEN GEFAHRENEN GESCHWINDIGKEITEN GEFÄHRLICH. STÄNDIGE KONZENTRATION UND EIN VORAUSSCHAUENDER BLICK FÜR GEFAHRENSITUATIONEN SIND DIE BESTE LEBENSVERSICHERUNG.«

WER WIR SIND

Als Angehörige der Verkehrspolizei sind wir die Spezialisten für alle Themen im Zusammenhang mit dem Straßenverkehr. Unser Revier ist in erster Linie die Autobahn mit ihren Park- und Rastplätzen. Egal ob Unfall, Stau oder Schwertransport – wir sind für Sie da und sorgen für einen sicheren Verkehrsfluss. Damit Sie schnell und sicher an Ihr Ziel kommen! In Bayern gibt es mehr als 40 Verkehrspolizeidienststellen, die über 2.500 Autobahnkilometer betreuen.

WAS WIR MACHEN

Wenn ein Verkehrsunfall passiert, kommen wir so schnell wie möglich an die Unfallstelle. Ganz wichtig ist hierfür die Bildung der sogenannten Rettungsgasse zwischen der ganz linken und der danebenliegenden Fahrbahn, die es uns ermöglicht, schnell durch den entstehenden Stau zu kommen. Neben der eigentlichen Verkehrsunfallaufnahme, bei der es auch gilt, die Unfallursache herauszufinden, spielt die Absicherung der Unfallstelle eine große Rolle, um Folgeunfälle zu verhindern.

Auf längere Staus muss mit Aus- und Umleitungen reagiert werden, um einen möglichst ungehinderten Verkehrsfluss zu ermöglichen. Gefahrenstellen wie zum Beispiel verlorene Ladung, die auf der Fahrbahn liegen bleibt, müssen ebenfalls zügig beseitigt werden.

Im Rahmen der sogenannten technischen Verkehrsüberwachung werden Geschwindigkeits- und Abstandsmessungen automatisiert durchgeführt. Die Verfolgung von Verkehrsordnungswidrigkeiten und -straftaten ist aber auch Aufgabe des Streifendienstes auf der Autobahn. Die Kolleginnen und Kollegen sind sowohl uniformiert als auch in Zivil unterwegs, um die Straßenkriminalität zu bekämpfen. Hierzu werden auch Motorradstreifen eingesetzt.

Die Schwerlastkontrollgruppe ist für die Kontrolle von Lastkraftwagen und Bussen, also vornehmlich den gewerblichen Güter- und Personenverkehr, zuständig. Hier wird beispielsweise die Sicherung der Ladung geprüft. Weiterhin stehen hier die Einhaltung der geltenden Sozialvorschriften (Lenk- und Ruhezeiten) und die Prüfung der technischen Einrichtungen von Transport- und Schwerlastfahrzeugen, die für die Verkehrssicherheit relevant sind, im Fokus. Hierzu zählen unter anderem Bremsanlagen und Beleuchtung.

WAS WIR BRAUCHEN

Der Arbeitsplatz Autobahn ist nicht zuletzt wegen der teilweise sehr hohen gefahrenen Geschwindigkeiten gefährlich. Ständige Konzentration und ein vorausschauender Blick für Gefahrensituationen sind die beste Lebensversicherung. Natürlich spielen hier auch eine zeitgemäße Ausstattung mit modernen Fahrzeugen und ein hoher Wissensstand durch Aus- und Fortbildung eine große Rolle.

Passt die vom Sternekoch mitgebrachte Wegzehrung in den Seitenkoffer? Alexander Herrmann lässt sich alles zeigen.

JOSEF FÜR DIE VERKEHRSPOLIZEI-INSPEKTION HOHENBRUNN

STECKBRIEF

NAME: Josef

ALTER: 30 Jahre

EINHEIT: Verkehrspolizei-inspektion Hohenbrunn

TÄTIGKEIT: Kontroll-gruppe Motorrad

Mein Berufswunsch Polizist war familiär vorgezeichnet, da mein Vater ebenfalls Polizist mit Leib und Seele war. Der Umstand, dass ich nun meinen Dienst bei der Verkehrspolizei verrichte, hat einen weiteren positiven Nebeneffekt: Als Angehöriger der Kontrollgruppe Motorrad konnte ich als begeisterter Biker mein Hobby quasi zum Beruf machen.

Hauptamtlich arbeite ich beim Lkw-Trupp, den ich bei der Verkehrspolizei in Hohenbrunn mitgegründet habe, und bin somit viel auf der Straße unterwegs. Und das im wahrsten Sinne des Wortes: Bei unseren Kontrollen der technischen Einrichtungen, vorwiegend an Lastern, bin ich nicht selten mit dem Rollbrett unter den Fahrzeugen anzutreffen.

Ein besonderes Erlebnis in meiner Dienstzeit auf dem Motorrad war die Eskortenfahrt für den US-Präsidenten beim G-7-Gipfel 2015 in Elmau.

Ständig auf Achse, bleibt im Schichtdienst selten Zeit zum Essen, und die Brotzeit sollte am besten in den Seitenkoffer des BMW-Motorrads passen. Deshalb wird vorgekocht oder auf das Beamtengrundnahrungsmittel „Leberkassemmel" mit schwarzem Kaffee aus der Thermoskanne zurückgegriffen. In der Faschingszeit muss ich mich meiner großen Liebe, den Krapfen, hingeben. Dann gern auch vier bis fünf Stück täglich.

Wenn Alexander Herrmann für mich kocht, bin ich sehr anspruchslos. Seine Künste überschreiten die meinen um Meilen, weshalb ver-

mutlich sogar Nudeln mit Ketchup hervorragend schmecken würden. Ansonsten würde ich mir ganz klassisch Cordon bleu mit Bratkartoffeln und viel Preiselbeeren oder auch Rindfleischstreifen wünschen.

Bei der Kontrolle von Lkws ist voller Körpereinsatz gefragt.

SÜSS-SCHARFE
RINDFLEISCHSTREIFEN
AUF ALPEN-RISOTTO

FÜR 4 PERSONEN

Für das Alpen-Risotto

4 Frühlingszwiebeln
Butter zum Braten
350 g Perlgraupen (oder Risotto-Reis)
1 l Gemüsebrühe
Salz, schwarzer Pfeffer
1 Prise frisch geriebene Muskatnuss
50 g frische Kräuter (z. B. Petersilie,
Liebstöckel, Thymian)
150 g geriebener Bergkäse
200 g Sahne

Für die Rindfleischstreifen

4 Rinderlendensteaks (à 180–200 g)
Öl zum Braten
schwarzer Pfeffer
1 Apfel (Braeburn)
50 g Butter
1 TL Honig
Salz
15 g frisch geriebener Meerrettich

Alpen-Risotto

1. Die Frühlingszwiebeln putzen, waschen und den weißen Teil in Ringe schneiden. Den grünen Teil beiseitelegen.

2. Etwas Butter in einer Pfanne erhitzen und die weißen Frühlingszwiebelringe darin glasig andünsten. Die Perlgraupen zugeben und kurz mitbraten. Mit einem Drittel der Gemüsebrühe ablöschen und 3 Minuten köcheln lassen. Dann die restliche Brühe langsam unter Rühren zugießen. Die Perlgraupen mit Salz, Pfeffer und Muskatnuss würzen und etwa 25 Minuten köcheln lassen, bis sie die gesamte Flüssigkeit aufgenommen haben. Dabei darauf achten, dass die Graupen nicht anbrennen.

3. Die Kräuter waschen, trocken schütteln und die Blätter grob hacken. Das Lauchzwiebelgrün in feine Ringe schneiden und mit den Kräutern mischen.

Rindfleischstreifen

1. Den Backofen auf 80 °C (Umluft) vorheizen. Die Steaks mit Küchenpapier trocken tupfen, eine Pfanne erhitzen. Etwas Öl in die heiße Pfanne geben und die Steaks darin bei starker Hitze von jeder Seite etwa 3 Minuten anbraten. Die Steaks mit Pfeffer würzen, in eine ofenfeste Form legen und im Backofen warm halten.

2. Den Apfel heiß abwaschen, vierteln und entkernen. Die Viertel in feine Streifen schneiden. Die Butter in der Pfanne erhitzen und die Apfelstreifen mit dem Honig darin glasig andünsten. Leicht salzen.

Fertigstellen Alpen-Risotto Bergkäse, Sahne und zwei Drittel der Kräutermischung unter die Graupen rühren.

Fertigstellen Die Steaks in dünne Streifen schneiden. Das Risotto auf vier Teller verteilen und die Streifen darauf anrichten. Gedünstete Apfelstreifen und Meerrettich darauf verteilen, mit den restlichen Kräutern bestreuen und servieren.

PERLGRAUPEN

Früher waren Perlgraupen ein Arme-Leute-Essen, heute sind sie eine Trendzutat. Die kleinen Körnchen aus Gerste enthalten essenzielle Nährstoffe und tun der Verdauung gut. Mit ihrem leicht nussigen Geschmack bereichern Perlgraupen viele Gerichte. Hier geben sie dem Risotto eine besondere Note.

ZÜRCHER GESCHNETZELTES

FÜR 2 PERSONEN

2 Schalotten
250 g Champignons
300 g Kalbsschnitzel
Salz
2 EL Butterschmalz
1 EL Mehl
100 ml Weißwein
150 ml Rinderfond
100 g Sahne
Pfeffer
Saft von ½ Zitrone

Außerdem

4 Stängel Petersilie (5 g)

Zürcher Geschnetzeltes

1. Die Schalotten schälen und fein würfeln. Die Champignons bei Bedarf mit einem Tuch abreiben, putzen und in Scheiben schneiden. Die Kalbsschnitzel in schmale Streifen schneiden.

2. Die Fleischstreifen salzen. In einer Pfanne 1 EL Butterschmalz erhitzen die Streifen darin scharf anbraten, bis sie gut gebräunt sind. Aus der Pfanne nehmen und beiseitestellen.

3. Die Hitze etwas reduzieren und das restliche Butterschmalz (1 EL) in die Pfanne geben. Schalotten und Champignons darin etwa 5 Minuten anbraten. Das Mehl zufügen und kurz anrösten. Die Pilze mit dem Weißwein ablöschen und diesen etwas einkochen lassen. Rinderfond und Sahne zugießen und die Sauce 2–3 Minuten köcheln lassen, bis sie andickt.

4. Die gebratenen Fleischstreifen unter die Sauce heben und das Geschnetzelte mit Salz, Pfeffer und Zitronensaft abschmecken.

Fertigstellen Die Petersilie waschen, trocken schütteln und die Blätter fein schneiden. Das Geschnetzelte auf zwei Tellern anrichten, mit der Petersilie bestreuen und servieren.

GEBRATENE RINDFLEISCHSTREIFEN MIT PFEFFERSAUCE

FÜR 2 PERSONEN

Für die Rindfleischstreifen

300 g Rinderfilet
Salz
2 EL Öl

Für die Pfeffersauce

2 EL Butter
80 g Crème fraîche
1 TL Worcestersauce
2 EL grüner Pfeffer (aus dem Glas)
1 TL Senf
abgeriebene Schale und Saft von
½ Bio-Zitrone
Salz, Pfeffer

Rindfleischstreifen

1. Eventuell verbliebene Sehnen vom Fleisch entfernen und das Filet in Streifen schneiden. Die Filetstreifen leicht salzen.

2. Das Öl in einer Pfanne erhitzen und die Fleischstreifen darin in etwa 3 Minuten scharf anbraten. Herausnehmen und warm stellen.

Pfeffersauce

1. Die Butter in der Pfanne erhitzen. Crème fraîche, Worcestersauce, grünen Pfeffer, Senf, Zitronenschale und -saft zugeben. Alles unter Rühren sanft erhitzen. Die Sauce mit Salz und Pfeffer abschmecken.

Fertigstellen Die Rindfleischstreifen mit der Pfeffersauce auf zwei Tellern anrichten und servieren.

YUM NUA – THAILÄNDISCHER RINDFLEISCHSALAT

FÜR 2 PERSONEN

Für Fleisch und Dressing

1 Stängel Zitronengras
2 EL Sojasauce
Pfeffer
200 g Flanksteak (oder Rinderfilet)
1 EL Fischsauce
Saft von 1 Limette
1 TL Rohrzucker
2 EL Öl

Für den Salat

40 g Erdnusskerne
(geröstet und gesalzen)
100 g Kirschtomaten
½ Salatgurke
½ rote Zwiebel
1 rote Chilischote
1 Bund Minze (15 g)
1 Bund Koriandergrün (15 g)
2 EL Sojasauce
150 g Glasnudeln

Fleisch und Dressing

1. Das Zitronengras putzen und waschen. Die Hälfte vom Stängel fein hacken, die andere Hälfte in feine Ringe schneiden und für den Salat beiseitestellen.

2. Das gehackte Zitronengras mit 1 EL Sojasauce und ½ TL Pfeffer in einer Schüssel vermischen. Das Steak in der Marinade wenden und 30 Minuten ziehen lassen.

3. Die restliche Sojasauce (1 EL) mit Fischsauce, Limettensaft und Zucker zu einem Dressing verrühren.

4. Das Steak aus der Marinade nehmen, trocken tupfen und das Zitronengras entfernen. Das Öl in einer Pfanne erhitzen und das Steak darin von jeder Seite 3 Minuten anbraten. Herausnehmen und 5–10 Minuten ruhen lassen.

Salat

1. Während das Fleisch ruht, die Erdnüsse grob hacken. Die Tomaten waschen und halbieren. Die Gurke waschen, längs halbieren und die Kerne herausschaben. Die Hälften dann in Würfel schneiden. Die Zwiebel schälen und in dünne Streifen schneiden. Die Chili waschen, entkernen und die Schote in feine Ringe schneiden. Minze und Koriandergrün waschen, trocken schütteln und grob zerpflücken.

2. Erdnüsse, Tomaten, Gurke, Zwiebel, Chili, Kräuter und Zitronengrasringe in eine große Schüssel geben.

3. Die Glasnudeln nach Packungsanweisung garen. Danach in ein Sieb abgießen und abtropfen lassen.

Fertigstellen Das Fleisch entgegen der Faserrichtung in dünne Streifen schneiden. Fleischstreifen und Dressing zum Salat geben und alles vermischen. Den Rindfleischsalat auf zwei Tellern anrichten und mit den Glasnudeln servieren.

BAYERISCHE GRENZPOLIZEI

/ GPI NÜRNBERG-
FLUGHAFEN

BAYERISCHE GRENZPOLIZEI

»NACHDEM UNSER FLUG-HAFEN NIE SCHLÄFT, SIND AUCH WIR EINE 24-STUNDEN-DIENSTSTELLE.«

WER WIR SIND

Die Beamten und Beamtinnen der Grenzpolizeiinspektion Nürnberg-Flughafen sind Teil der Bayerischen Landespolizei und versehen unter Fachaufsicht der Direktion der Bayerischen Grenzpolizei in Passau Dienst am Flughafen Nürnberg. Nach der Neugründung der Bayerischen Grenzpolizei gibt es uns in dieser Form seit dem 01.01.2020.

Neben den Grenzdienststellen im Süden und Osten Bayerns, die mit der Überwachung der Landgrenzen im Rahmen der sogenannten „Schleierfahndung" beauftragt sind, wird am Flughafen Nürnberg die Luftgrenze durch bayerische Beamte und Beamtinnen polizeilich kontrolliert und geschützt. Somit nehmen wir (zusammen mit den Kollegen und Kolleginnen vom Flughafen Memmingen) eine bundesweite Sonderstellung ein, da es bei uns am Flughafen keine Bundespolizei gibt. Außerdem werden auch noch die Verkehrslandeplätze von den Kräften der Bayerischen Landespolizei betreut.

WAS WIR MACHEN

Wie unsere Bezeichnung schon vermuten lässt, verrichten wir zum großen Teil Dienst an der Grenze. Dies umfasst sowohl die vollständige Kontrolle von Reisenden im sogenannten NON-Schengen-Verkehr als auch die stichpunktartige Kontrolle von Passagieren auf anderen Flügen.

Fahndungen und aufenthaltsrechtliche Verstöße sorgen hierbei für eine hohe Anzahl an Sachbearbeitungen. Weitere typische Aufgaben sind Einreiseverweigerungen und die Feststellung gefälschter Pässe und Ausweise, woraufhin wir Strafanzeigen einleiten.

Neben diesen Aufgaben „in der Box" (Grenzkontrollschalter) stellen unsere Beamten und Beamtinnen durchgehend den Streifendienst im Flughafengebäude und sind mit den üblichen Polizeiaufgaben, zum Beispiel Verkehrskontrollen, Streitigkeiten oder Unfallaufnahmen, im Umfeld des Flughafens beauftragt.

WAS WIR BRAUCHEN

Sowohl die Motivation zur Spezialisierung im Grenzbereich als auch die Bereitschaft, alle anderen Aufgaben der Polizei abzudecken. Damit ist das geforderte Leistungsspektrum nochmals ein ganzes Stück breiter und wird bei uns mit fachspezifischer Fortbildung und dem Wissen „erfahrener Grenzer" unterstützt. Nachdem unser Flughafen nie schläft, sind auch wir eine 24-Stunden-Dienststelle. Besonders in den warmen Reisemonaten wird den Beamten und Beamtinnen rund um die Uhr Konzentration und Stressresistenz abverlangt.

Alexander Herrmann zu Besuch bei der GPI Nürnberg-Flughafen.

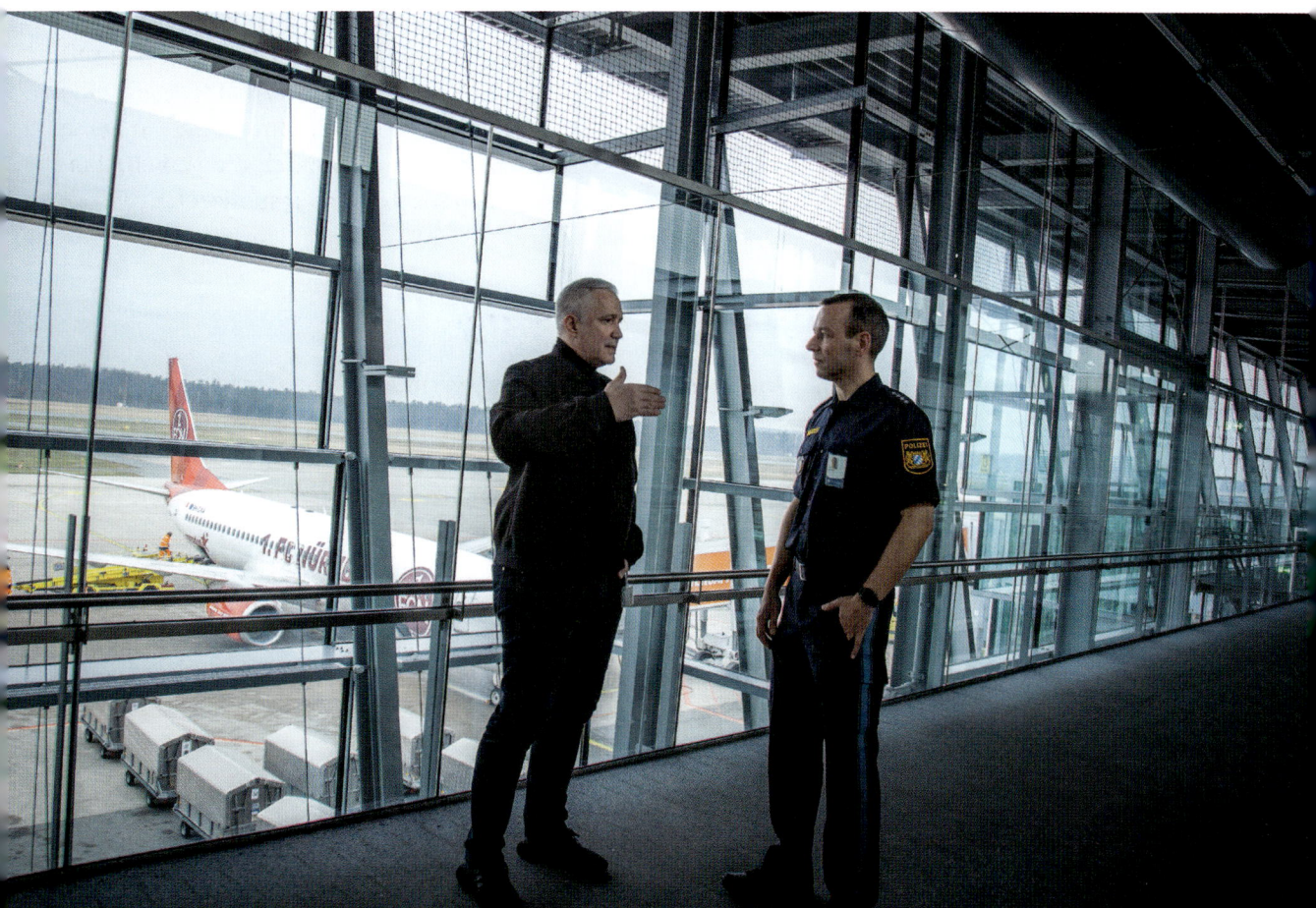

CHRISTIAN FÜR DIE
GPI NÜRNBERG-FLUGHAFEN

STECKBRIEF

NAME: Christian

ALTER: 49 Jahre

EINHEIT: GPI Nürnberg-Flughafen

TÄTIGKEIT: Sachbearbeiter Grenze

WARUM BIST DU ZUR POLIZEI?

... weil das riesige Aufgabengebiet der Polizei viel interessanter und verlockender klang als ein Bürojob. Außerdem hat man die Möglichkeit, anderen zu helfen, und ist Teil einer besonders großen Familie.

WAS MACHST DU DA?

... tja, tatsächlich sitze ich jetzt doch im Büro, aber absolut freiwillig. Nach vielen Jahren im Streifendienst bin ich jetzt Sachbearbeiter Grenze und zusammen mit meinem Team zuständig für praktisch alles, was mit der Grenze zu tun hat. Wir befassen uns zum Beispiel mit rechtlichen und technischen Neuerungen im Grenzverkehr, der Fortbildung der Kollegen, Bürgeranfragen und statistischer Erfassung. Daneben korrespondieren wir bei grenzpolizeilichen Aufgaben (zum Beispiel Zurückweisungen) mit in- und ausländischen Behörden über die Grenzpolizeidirektion.

WAS MACHT DIR DARAN SPASS?

Das selbstbestimmte Arbeiten. Es fühlt sich gut an, wenn man das vorgegebene Ziel auf seinem eigenen Weg erreichen kann und wenig eingeengt wird – das gilt auch für die Arbeitszeit. Außerdem kommen täglich neue Fragen und Herausforderungen bei uns an. Dadurch ist man ständig gefordert und fühlt sich gebraucht. Kurzum – ganz anders als das Klischee.

WIE SIEHT EIN TYPISCHER TAG BEI DIR AUS?

Den typischen Tag gibt es nicht. Tatsächlich kann jeder Tag anders verlaufen, da wir nie wissen, welche Sachverhalte die Kollegen heute an der Grenze feststellen.

Oftmals werten wir die Fälle des Vortags aus, besprechen Rechtsfragen dazu und versuchen, das eine oder andere noch zu optimieren. Die meisten Jobs werden im Team abgearbeitet, da geht es um die Erfassung von Fahndungen,

Beantwortung von E-Mails oder die Unterstützung der Kollegen an der Grenze. Im Hintergrund planen wir viele Fortbildungsmaßnahmen, da gerade im Grenzrecht ständig Änderungen vorkommen.

GIBT ES EINE SPEZIELLE ANEKDOTE AUS DEINER DIENSTZEIT? ERINNERST DU DICH AN EIN BESONDERES EREIGNIS?

Im Laufe der Polizeiausbildung werden Unmengen möglicher Einsatzszenarien im Streifendienst durchgespielt und erlernt, damit wir später gut vorbereitet sind. Einige dieser Beispiele landen geistig schnell in der Schublade „Wird mir nie passieren", und doch kommen sie irgendwann vor. Anfang der 2000er-Jahre hörten meine damalige Streifenpartnerin und ich über Funk von einem bewaffneten Banküberfall. Tatsächlich war der Tatort nur etwa 100 Meter entfernt, und ehe wir uns der Umstände bewusst wurden, rannte der offensichtliche Täter bereits vor unseren Streifenwagen. Wir konnten den 18-Jährigen festnehmen, ohne dass jemand zu Schaden kam. Selbst nach 20 Jahren kann ich mich heute noch an jedes Detail erinnern – ich bin megahappy, dass der Täter nicht mit seiner echten Waffe auf uns geschossen hat.

WAS ISST DU SO IM DIENST?

Da kommt jetzt mein schlechtes Gewissen hoch – im besten Fall Gesundes von zu Hause oder auch mal ein Entengericht aus dem Asia-Restaurant. Leider liegt aber gelegentlich auch mal eine Leberkässemmel oder ein Burger „von der Stange" auf dem Tisch. Ich versuche, mein Gewissen dann immer mit Mineralwasser zu beruhigen, weil das zucker- und fettfrei ist.

ALEXANDER HERRMANN KOCHT FÜR DICH – WAS GIBT ES?

Da muss ich erst einmal etwas weiter ausholen. Ein Palazzo-Besuch vor einigen Jahren hat bei mir nämlich einen bleibenden Eindruck hinterlassen. Dort hatte ich das Glück, schon einmal ein von Alexander Herrmann kreiertes Gericht genießen zu dürfen. Wir hatten einen geschmacklich sehr intensiven Salat aus der Region und im Hauptgang ein Kalbsfilet mit Gemüse und Kartoffelstampf. Das Filet schmecke ich heute noch auf der Zunge ...

Von daher freue ich mich schon darauf, was Alexander Herrmann aus meinem absoluten Lieblingsgericht macht: Schäufele mit Kartoffelknödel und Bayrisch Kraut.

SCHÄUFELE MIT KARTOFFELKNÖDEL

UND BAYRISCH KRAUT

FÜR 4 PERSONEN

Für die Schäufele

1,5 kg Schäufele (Schweineschulter mit Knochen und Schwarte, vom Metzger in 4 Portionsstücke geteilt)
Salz, Pfeffer
2 TL Kümmelsamen
4 Knoblauchzehen
250 g gemischtes Wurzelgemüse (Karotte, Knollensellerie, Zwiebel)
3 EL Öl
500 ml dunkles Bier
300 ml Fleischbrühe
Speisestärke zum Binden (nach Belieben)

Schäufele

1. Das Fleisch waschen und trocken tupfen, um eventuell verbliebene Knochensplitter zu entfernen und später eine knusprige Schwarte zu erhalten. Dann die Schwarte mit einem scharfen Messer rautenförmig einschneiden, sodass etwa 5 mm große Rauten entstehen. Dabei jedoch nur die obere Schicht der Schwarte einritzen, nicht in das Fleisch schneiden.

2. Die eingeschnittene Schwarte nur salzen, das restliche Fleisch mit 2 TL Salz, 2 TL Pfeffer und Kümmel würzen.

3. Den Backofen auf 160 °C vorheizen. Die Knoblauchzehen schälen und grob würfeln. Das Wurzelgemüse schälen und ebenfalls grob würfeln.

4. Das Öl in einem Bräter verteilen und die Schäufele mit der Schwarte nach oben hineinsetzen. Etwas Bier und Brühe angießen, dabei jedoch nichts auf die Schwarte gießen. (Achtung: Die Schwarte muss immer trocken bleiben, sonst wird sie nicht knusprig). Den Bräter in den Ofen (unten) schieben und die Schäufele offen etwa 1 Stunde braten.

5. Danach Knoblauch und Wurzelgemüse rund um das Fleisch verteilen und die restliche Brühe zugießen. Die Schäufele 2 ½–3 Stunden weitergaren, dabei nach und nach das restliche Bier zugießen. Etwa 10 Minuten vor Ende der Garzeit die Ofentemperatur auf 230 °C erhöhen, damit die Schwarte knusprig goldgelb wird. Die Schäufele sind fertig, wenn sich das Fleisch leicht vom Knochen lösen lässt und die Schwarte goldgelbe Bläschen wirft.

6. Die Schäufele aus dem Bräter nehmen, die Sauce durch ein Sieb passieren und mit Salz und Pfeffer abschmecken. Zum Binden der Sauce einen Teil vom Wurzelgemüse fein pürieren und in die Sauce rühren. (Alternativ nach Belieben etwas Speisestärke mit Wasser verquirlen und die Sauce damit binden.)

TIPP

Wenn die Schwarte der Schäufele nicht ausreichend goldgelbe Bläschen wirft, die Schwarte mit etwas Salzwasser bepinseln. Das entzieht ihr Restwasser und beschleunigt die Bildung einer gold-gelben Kruste.

TIPP
Verwenden Sie für die
Knödel unbedingt mehlig-
kochende Kartoffeln.
Mit anderen Kartoffelsorten
zerfallen die Knödel
beim Kochen.

Für die Kartoffelknödel
600 g mehligkochende Kartoffeln
2 Scheiben Weißbrot
Butter zum Rösten
150 g Kartoffelstärke
Salz

Für das Bayrisch Kraut
1 Kopf Weißkraut (800 g)
80 g magerer geräucherter Speck
80 g Zwiebel
40 g Butter
1 Prise Zucker
1 Schuss Essig
Salz, Pfeffer
1 TL Kümmelsamen
300 ml Fleischbrühe

Kartoffelknödel
1. Die Kartoffeln waschen und in kochendem Salzwasser in 20–30 Minuten
weich garen. Inzwischen das Weißbrot in 1 cm große Würfel schneiden.
Etwas Butter in einer Pfanne erhitzen und die Brotwürfel darin unter
gelegentlichem Wenden knusprig rösten. Abkühlen lassen.
2. Die gegarten Kartoffeln abgießen und abkühlen lassen, dann pellen.
Die Kartoffeln durch eine Kartoffelpresse drücken oder mit einem Stampfer
zerdrücken. Kartoffelstärke, 1 EL Salz und 120 ml Wasser zugeben und alles
gut durchmischen.
3. Aus der Knödelmasse etwa 8 Knödel formen. Jeden Knödel etwas flach
drücken, einige geröstete Brotwürfel in die Mitte geben und den Knödel
wieder rund formen. Die Kartoffelknödel in siedendem Salzwasser in
15–20 Minuten gar ziehen lassen.

Bayrisch Kraut
1. Das Weißkraut putzen, vierteln und den Strunk entfernen. Die Viertel dann
in feine Rauten schneiden. Den Speck in Würfel schneiden. Die Zwiebel
schälen und ebenfalls in Würfel schneiden.
2. Die Butter in einem Topf erhitzen, Speck- und Zwiebelwürfel darin
anschwitzen. Mit Zucker bestreuen und leicht karamellisieren lassen. Mit Essig
ablöschen, das Kraut zufügen und mit Salz, Pfeffer und Kümmel würzen. Die
Fleischbrühe zugießen und das Kraut zugedeckt in etwa 30 Minuten weich
dünsten. Danach nochmals abschmecken.

Fertigstellen Die Schäufele mit etwas Sauce auf vier Tellern anrichten.
Kartoffelknödel und Bayrisch Kraut dazu servieren.

BREZENKNÖDEL MIT CREMIGEM GURKENSALAT

FÜR 4 PERSONEN

Für die Brezenknödel
300 g Brezen vom Vortag
1 Zwiebel
2 EL Butter
250 ml Milch
Salz, Pfeffer
1 Prise frisch geriebene Muskatnuss
1 kleines Bund Petersilie (20 g)
2 Eier

Für den Gurkensalat
1 Salatgurke
½ TL Zucker
Salz
100 g Schmand
1 TL Worcestersauce
1 Spritzer Tabasco
1 EL Weißweinessig

Brezenknödel
1. Das Salz von den Brezen streifen. Die Brezen in Scheiben schneiden und in eine Schüssel geben. Die Zwiebel schälen und fein würfeln. Die Butter in einem kleinen Topf erhitzen und die Zwiebel darin glasig andünsten. Die Milch zugießen, aufkochen lassen und mit Salz, Pfeffer und Muskatnuss würzen. Die heiße Milch über die Brezenscheiben gießen und diese 30 Minuten quellen lassen.
2. Die Petersilie waschen, trocken schütteln und die Blätter fein schneiden. Petersilie und Eier unter die Brezen rühren. Aus der Brezenmasse 4–8 Knödel formen. Die Knödel in siedendem Salzwasser in 20 Minuten gar ziehen lassen.

Gurkensalat
1. Inzwischen die Gurke waschen oder schälen und in feine Scheiben hobeln. Die Gurkenscheiben in einer Schüssel mit Zucker und ¼ TL Salz mischen und 10 Minuten ziehen lassen.
2. Die ausgetretene Flüssigkeit abgießen. Schmand, Worcestersauce, Tabasco und Essig unter die Gurken mischen. Den Salat mit Salz und Pfeffer abschmecken.

Fertigstellen Die Brezenknödel aus dem Wasser heben und abtropfen lassen. Mit dem Gurkensalat servieren.

BÖHMISCHE KNÖDEL MIT KRAUTSALAT

FÜR 4 PERSONEN

Für den Krautsalat
½ Kopf Weißkraut
Salz
1 TL Zucker
6 EL Weißweinessig
1 TL Kümmelsamen
6 EL Öl

Für die Böhmischen Knödel
250 ml lauwarme Milch
1 Würfel frische Hefe (42 g)
1 TL Zucker
500 g Mehl
1 Ei
Salz

Krautsalat
Das Weißkraut putzen und den Strunk entfernen. Das Kraut dann fein hobeln und in eine Schüssel geben. 1 TL Salz, Zucker und Essig zufügen und das Kraut mit den Händen 10 Minuten kneten. Kümmel und Öl zugeben und den Salat 1 ½ Stunden ziehen lassen.

Böhmische Knödel
1. Die Milch mit Hefe und Zucker verrühren und 10 Minuten gehen lassen. Das Mehl auf die Arbeitsfläche häufen und eine Mulde in die Mitte drücken. Die Hefemilch in die Mulde gießen, Ei und ½ TL Salz zugeben und alles mit einer Gabel vermischen. Dann nach und nach das Mehl unterkneten, bis ein geschmeidiger Teig entsteht. Den Teig in eine Schüssel legen, mit einem Geschirrtuch abdecken und an einem warmen Ort 30 Minuten ruhen lassen.
2. Den Teig danach in 3 Portionen teilen und nochmals durchkneten. Die Portionen auf der Arbeitsfläche mit einem Geschirrtuch abdecken und weitere 20 Minuten gehen lassen. In einem großen Topf Wasser mit 1 EL Salz aufkochen. Die Teigportionen etwas flach drücken und in das sprudelnde Wasser legen. Die Hitze reduzieren und die Knödel zugedeckt in 15–20 Minuten gar ziehen lassen.

Fertigstellen Die Knödel aus dem Wasser heben und mit einer Gabel einstechen, damit sie nicht zusammenfallen. Mit Garn in Scheiben teilen und mit dem Krautsalat servieren.

SERVIETTENKNÖDEL MIT LAUCHGEMÜSE

FÜR 4 PERSONEN

Für die Serviettenknödel

300 g Brötchen vom Vortag
1 Zwiebel
2 EL Butter
250 ml Milch
Salz, Pfeffer
1 Prise frisch geriebene Muskatnuss
2 Eier
1 kleines Bund Petersilie (20 g)

Für das Lauchgemüse

1 Stange Lauch
Salz
2 EL Butter
1 EL Mehl
150 ml Gemüsebrühe
150 g Sahne
1 Prise frisch geriebene Muskatnuss
Pfeffer

Serviettenknödel

1. Die Brötchen in Würfel schneiden. Die Zwiebel schälen und fein würfeln. Die Butter in einem kleinen Topf erhitzen und die Zwiebel darin glasig andünsten. Die Milch zugießen, aufkochen und mit Salz, Pfeffer und Muskatnuss würzen. Die heiße Milch über die Brötchen gießen und diese 30 Minuten quellen lassen.

Lauchgemüse

1. Inzwischen den Lauch putzen, längs halbieren und sorgfältig waschen. Die Stange dann in feine Streifen schneiden. Die Lauchstreifen in kochendem Salzwasser 2 Minuten blanchieren. Mit einer Schöpfkelle herausnehmen und in Eiswasser abschrecken. Das Blanchierwasser beiseitestellen.
2. Die Butter in einem Topf erhitzen, das Mehl mit einem Schneebesen einrühren und unter Rühren 1–2 Minuten anschwitzen. Dann Gemüsebrühe und Sahne einrühren, aufkochen und die Béchamel bei schwacher Hitze köcheln lassen, bis sie andickt. Mit Salz und Muskatnuss würzen, den Lauch zugeben und das Gemüse mit Salz und Pfeffer abschmecken.

Fertigstellen Serviettenknödel

2. Die Eier trennen und die Eiweiße mit 1 Prise Salz steif schlagen. Die Petersilie waschen, trocken schütteln und die Blätter fein schneiden. Petersilie und Eigelbe unter die Brötchenmischung rühren. Zuletzt den Eischnee unterheben.
3. Die Knödelmasse längs auf die Mitte eines angefeuchteten Geschirrtuchs setzen. Dann in das Tuch einrollen und die Enden mit Küchengarn zusammenbinden. Das Blanchierwasser wieder zum Sieden bringen, den Serviettenknödel hineinlegen und in 30 Minuten gar ziehen lassen.

Fertigstellen Das Lauchgemüse wieder erwärmen. Den Serviettenknödel aus dem Wasser nehmen, auswickeln und in Scheiben schneiden. Mit dem Lauchgemüse auf vier Tellern anrichten und servieren.

ZENTRALE EINSATZ-DIENSTE WÜRZBURG

/ DIENSTHUNDE-GRUPPE
PP UNTERFRANKEN

DIENSTHUNDEGRUPPE

WER WIR SIND

Die Zentralen Einsatzdienste (ZED) Würzburg sind eine Unterstützungseinheit, bestehend aus den Teileinheiten Einsatzzug, Zivile Einsatzgruppe, Diensthundegruppe und den polizeilichen Einsatztrainern (PE-Trainern). Ihr Zuständigkeitsbereich erstreckt sich grundsätzlich auf Stadt und Landkreis Würzburg, den Landkreis Kitzingen und den Landkreis Main-Spessart. Zudem kann der Einsatzzug als geschlossene Einheit über die genannten Grenzen hinaus eingesetzt werden oder wird bei größeren Einsatzlagen als Teileinheit in die Einsatzhundertschaft Unterfranken integriert.

WAS WIR MACHEN

Um Diensthundeführer bei der Bayerischen Polizei zu werden, muss man eine spezielle Ausbildung an der Zentralen Diensthundeschule der Polizei in Herzogau absolvieren. Davor muss man schon ein paar Jahre im allgemeinen Streifendienst oder in einer geschlossenen Einheit der Bayerischen Bereitschaftspolizei gearbeitet haben, um eine gewisse Einsatzerfahrung mitzubringen.

Die Diensthunde kommen manchmal schon als Welpen zu den Hundeführern. Die spezielle Ausbildung zum Polizeihund beginnt ab dem Tag, an dem der Hund von der Polizei übernommen wird. Die Diensthunde werden in der Regel dual ausgebildet. Das bedeutet, dass sie zum Schutzhund ausgebildet werden und zusätzlich, je nach Veranlagung oder Bedarf, zum Rauschgiftspürhund, Sprengstoffspürhund, Brandmittelspürhund, Leichenspürhund oder Datenträgerspürhund. Als Zusatzqualifikation haben einige Rauschgiftspürhunde noch eine Ausbildung zum Banknotenspürhund absolviert. In Südbayern sind einige vierbeinige Kollegen darüber hinaus noch als Alpinhunde ausgebildet. Zur Suche nach vermissten Personen oder auch Straftätern werden spezielle Hunde eingesetzt, die ausschließlich zur Personensuche ausgebildet wurden. Durch ihre vielfältigen Einsatzmöglichkeiten unterstützen die Hunde die Polizeibeamtinnen und -beamten jeden Tag bei ihrer Arbeit. In unterschiedlichen Trainingsszenarien werden sie auf die unterschiedlichsten Einsätze vorbereitet.

Die Ausbildung unserer Hunde findet zu einem Großteil in den Hundegruppen der jeweiligen Dienststellen statt. Mehrmals wöchentlich üben und trainieren wir kontinuierlich mit unseren Hunden. Darauf aufbauend werden die Hunde in mehrwöchigen Lehrgängen an der Zentralen Diensthundeschule der Bayerischen Polizei ausgebildet, bis sie nach einer abschließenden Prüfung tatsächlich eingesetzt werden dürfen.

Als Hundeführer arbeitet man im Schichtdienst und steht somit rund um die Uhr zur Verfügung, um bei verschiedenen Einsatzlagen zu unterstützen. Je nach Spezialisierung des Diensthundes kann ein Hundeführer mit seinem Vierbeiner auch überregional eingesetzt werden.

WAS WIR BRAUCHEN

Wir brauchen Beamtinnen und Beamte mit einer hohen Affinität zu Hunden. Der Diensthund ist rund um die Uhr bei seinem Hundeführer und somit auch ein Teil der Familie. Die Arbeit und Ausbildung in diesem Spezialgebiet erfordert sowohl vom Hundeführer als auch von seinem Vierbeiner volle Hingabe und Flexibilität.

Immer mit vollem Einsatz bei der Sache: Wolke begeistert auch den Sternekoch.

CAROLINE FÜR DIE ZENTRALEN EINSATZ-DIENSTE WÜRZBURG

STECKBRIEF

NAME: Caroline

ALTER: 43 Jahre

EINHEIT: Zentrale Einsatz-dienste Würzburg ZED

TÄTIGKEIT: Diensthunde-führerin

Meine Ausbildung bei der Polizei habe ich im September 1996 in Würzburg bei der Bereitschaftspolizei begonnen. Die Ausbildung selbst dauerte zweieinhalb Jahre. Nach erfolgreicher Beendigung wechselte ich im März 1999 in eine Einsatzhundertschaft der Bereitschaftspolizei, die ebenfalls in Würzburg ansässig war. Dort leistete ich für eineinhalb Jahre Dienst und wurde auch deutschlandweit bei größeren Einsatzlagen eingesetzt. Solche Großlagen waren zum Beispiel die Expo 2000 in Hannover und zahlreiche Castortransporte.

Im September 2000 wechselte ich zu einer Dienststelle in Nürnberg. Dort war ich für längere Zeit im Streifendienst tätig, bis ich aufgrund der Geburt meiner Kinder erst einmal ein paar Jahre zu Hause blieb. Mein Mann, der ebenfalls Polizeibeamter ist, war in Würzburg tätig, sodass unser Lebensmittelpunkt weiterhin in Unterfranken blieb.

Im Jahr 2008 begann ich dann, wieder in meinem Beruf zu arbeiten. Optimale Bedingungen für den Wiedereinstieg fand ich damals beim Einsatzzug Würzburg vor. Dort begann ich zunächst mit einem geringen Stundenaufkommen, was mir die Vereinbarkeit von Familie und Beruf zum damaligen Zeitpunkt sehr erleichterte. Das Arbeiten in einer Gruppe war für mich schon immer ein erstrebenswerter Aspekt meines Dienstes als Polizeibeamtin. Das Unterstützen von Kolleginnen und Kollegen, sowie auch das Lernen von ihnen, war und ist mir sehr wichtig.

Je älter meine Kinder wurden, desto mehr konnte ich nach und nach meine Arbeitszeit erhöhen, bis ich dann 2020 wieder Vollzeit in meinem Beruf tätig sein konnte. Jedoch suchte ich nach zwölf Jahren Dienst im Einsatzzug Würzburg eine neue Herausforderung. Zu diesem Zeitpunkt hatten wir bereits seit einigen Jahren eine aus dem Ausland adoptierte Hündin. Die Arbeit und der Umgang mit ihr bereiteten mir große Freude, und so reifte in mir die Idee, mich in Richtung Diensthundeführerin zu orientieren. Selbst in meinem Alter von damals schon 40 Jahren war es dafür noch nicht zu spät. Die Möglichkeit, dass eine Umorientierung oder eine Spezialisierung bei der Polizei grundsätzlich jederzeit möglich ist, empfinde ich bis heute als großen Vorteil meines Berufs.

Caroline und Wolke zu Besuch bei Alexander Herrmann in Wirsberg.

Nach erfolgreichem Abschluss des Auswahlverfahrens zog dann im August 2020 meine Diensthündin „Wolke von den Wölfen" bei uns ein. Wolke ist eine Deutsche Schäferhündin, sie war zu diesem Zeitpunkt ein Jahr alt. Da Wolke rund um die Uhr bei uns lebt, war es natürlich sehr wichtig für mich, dass sie auch mit unserer Privathündin klarkommt. Die Rangfolge im Rudel wurde durch die beiden in einem halbstündigen Spiel geklärt, und seitdem ist natürlich Wolke der Boss. Allerdings ist das zwischen den Hündinnen nie ein Problem gewesen.

Anzumerken ist, dass eine Hündin wie Wolke ganz andere Ansprüche hat als ein „Durchschnittshund". Wolke möchte arbeiten und ausgelastet werden. Nur spazieren zu gehen würde ihr nicht reichen. Genau deshalb sind auch Hunde wie sie optimal für den Dienst bei der Polizei geeignet. Wolke und ich haben ihre Ausbildung zum Datenträgerspürhund hinter uns und konnten bereits Einsatzerfahrung sammeln. Bei Durchsuchungen in ganz Bayern konnten dank Wolke schon viele Datenträger aufgefunden werden.

Wenn Wolke und ich nicht im Rahmen von Einsätzen unterwegs sind, verrichten wir gemeinsam Streifendienst. Unser Aufgabengebiet besteht hauptsächlich darin,

Das gibt es auch für Wolke nicht alle Tage: Essen aus der Hand eines Sternekochs.

verschiedene Delikte aus dem Bereich des Tierschutzes zu bearbeiten. In diesen Fällen arbeiten wir oft mit den zuständigen Veterinärämtern zusammen. In unseren Aufgabenbereich fallen zum Beispiel Fundtiere oder Körperverletzungen durch Hundebisse.

Abschließend möchte ich erwähnen, dass ich die Entscheidung, zu den Hundeführern zu wechseln, nie bereut habe, obwohl ich seitdem kaum mehr in der Lage war, eine saubere Uniform zu tragen. Das, was Wolke leisten kann, ist für mich bemerkenswert, und die Möglichkeit, ihr Können für unsere Dienste zu nutzen, ist ein Geschenk.

Für ein bestimmtes Lieblingsgericht aus der Kantine konnte ich mich gar nicht sofort entscheiden. Dafür schmecken mir zu viele Gerichte zu gut. Letztendlich habe ich aber das Forellenfilet an Kürbis-Risotto ausgewählt, da ich allgemein sehr gern Fisch esse.

LIEBLINGSREZEPT VON WOLKE
APFEL-MÖHREN-KNOCHEN

FÜR CA. 30 KEKSE:

1 Möhre
1 kleiner Apfel
100 g zarte Dinkelflocken
150 g Dinkelmehl
1 EL Leinsamen
2 EL Rapsöl

Außerdem
Ausstechförmchen (z. B. Knochen,
Hund oder anderes Motiv)

1. Den Backofen auf 160 °C vorheizen. Ein Backblech mit Backpapier belegen.
2. Die Möhre schälen. Den Apfel schälen und entkernen. Möhre und Apfel auf der Gemüsereibe fein raspeln oder wahlweise im Thermomix zerkleinern.
3. Die Dinkelflocken mit Mehl und Leinsamen vermischen. Möhre, Apfel und Öl zufügen. Alles mit den Knethaken des Handrührgeräts 2 Minuten vermischen.

4. Nach und nach 100 ml Wasser zufügen und weiterrühren, bis sich der Teig vom Schüsselrand löst. Den Teig auf der bemehlten Arbeitsfläche mit den Händen verkneten, bis er nicht mehr klebt.
5. Den Teig dann etwa 5 mm dick ausrollen und mit einer Gabel mehrfach einstechen.
6. Mit dem Ausstechförmchen Kekse ausstechen. Die Kekse auf das Backblech legen und im Ofen (Mitte) 25–35 Minuten backen.

Die Kekse halten in einer Blechdose etwa zwei Wochen.

Viel Spaß beim Backen!

GEBRATENES FORELLENFILET

AUF KÜRBIS-RISOTTO MIT RUCOLA-ZITRONEN-PESTO

FÜR 4 PERSONEN

Für das Rucola-Zitronen-Pesto
100 g Rucola
100 g Pinienkerne
1 Knoblauchzehe
200 ml mildes Olivenöl
4 EL geriebener Parmesan
abgeriebene Schale und Saft von
1 Bio-Zitrone
Salz, Pfeffer
1 Prise Zucker

Für das Kürbis-Risotto
1 kleiner Hokkaido-Kürbis
(650 g Fruchtfleisch)
1–2 Schalotten
1 Knoblauchzehe
1 EL Butterschmalz
Salz, Pfeffer
1 Prise Zucker
750 ml Gemüsebrühe
3 EL Olivenöl
260 g Risotto-Reis
100 ml Weißwein
40 g geriebener Parmesan

Für das Forellenfilet
4 Forellenfilets mit Haut (à 200 g)
Saft von 1 Zitrone
Salz, Pfeffer
80 g Dunstmehl (doppelgriffiges Mehl)
Butterschmalz zum Braten

Rucola-Zitronen-Pesto
1. Den Rucola waschen und trocken schleudern oder tupfen. Die Pinienkerne in einer beschichteten Pfanne ohne Fett leicht anrösten. Den Knoblauch schälen und grob hacken.
2. Rucola, Pinienkerne, Knoblauch und zwei Drittel vom Olivenöl in einen Mixer geben und fein pürieren. Den Parmesan zufügen und leicht untermixen. Das Pesto mit dem restlichen Olivenöl verdünnen, bis es die gewünschte Konsistenz hat. Das Pesto zuletzt mit Zitronenschale, Zitronensaft, Salz, Pfeffer und Zucker abschmecken.

Kürbis-Risotto
1. Den Kürbis waschen, halbieren und die Kerne herausschaben.
Die Hälften in kleine Würfel schneiden und 650 g abwiegen. Schalotten und Knoblauch schälen und fein würfeln.
2. Das Butterschmalz in einem Topf erhitzen und die Kürbiswürfel darin bei mittlerer Hitze bissfest anschwitzen. Mit Salz, Pfeffer und Zucker würzen. Dann 200 g Kürbiswürfel abnehmen und mit der Gemüsebrühe mixen.
3. Das Olivenöl in einem Topf erhitzen. Schalotten, Knoblauch und Reis darin bei schwacher Hitze glasig andünsten. Mit dem Weißwein ablöschen. Dann die Kürbis-Gemüsebrühe in Portionen zugießen und den Reis köcheln lassen, bis er weich ist. Dabei häufig umrühren, damit er nicht anbrennt. Sobald der Reis die Brühe aufgenommen hat, die nächste Portion zugießen.
4. Etwa 2 Minuten vor Ende der Kochzeit die restlichen Kürbiswürfel unterrühren. Zuletzt den Parmesan einrühren und das Risotto mit Salz und Pfeffer abschmecken.

Forellenfilet
1. Die Forellenfilets kalt abspülen und mit Küchenpapier trocken tupfen. Dann mit Zitronensaft beträufeln und mit Salz und Pfeffer würzen. Die Filets danach im Mehl wenden, bis sie mit einer dünnen Mehlschicht überzogen sind. Überschüssiges Mehl leicht abklopfen.
2. Etwas Butterschmalz in einer Pfanne erhitzen und die Filets darin auf der Hautseite anbraten, sodass an der Fischhaut Röstaromen entstehen. Die Pfanne vom Herd nehmen, die Forellenfilets wenden und in der Resthitze glasig garen.

Fertigstellen Kürbis-Risotto und Forellenfilets auf vier Tellern anrichten. Mit dem Rucola-Zitronen-Pesto servieren.

RISOTTO

Das Kürbis-Risotto muss schön »schlotzig« sein. Um diese Konsistenz zu erreichen, am Ende der Garzeit eventuell noch etwas zusätzliche Gemüsebrühe unterrühren.

GEBRATENES FORELLENFILET MIT DILL-SCHMORGURKEN

FÜR 2 PERSONEN

Für die Schmorgurken
8 Stängel Dill (10 g)
200 g Schmorgurke
1 EL Öl
100 g Sahne
1 EL Crème fraîche
2 TL Weißweinessig
Salz, Pfeffer

Für das Forellenfilet
2 Forellenfilets mit Haut (à 120 g)
Salz
Öl zum Braten
1 EL Butter

Schmorgurken

1. Den Dill waschen, trocken schütteln und die Spitzen fein schneiden. Die Gurke schälen, halbieren und die Kerne herausschaben. Die Hälften dann in 1 cm große Würfel schneiden.
2. Das Öl in einer Pfanne erhitzen und die Gurkenwürfel darin bei mittlerer Hitze 10 Minuten dünsten. Sahne, Crème fraîche, Essig und Dill unterrühren. Die Schmorgurken mit Salz und Pfeffer abschmecken.

Forellenfilet

1. Die Forellenfilets kalt abspülen und trocken tupfen. Eventuell verbliebene Gräten mit einer Pinzette entfernen. Dann die Haut ablösen und die Filets auf der Fleischseite salzen.
2. Etwas Öl in einer Pfanne erhitzen und die Forellenfilets darin auf der Hautseite 2 Minuten braten. Dann wenden und 1 Minute weiterbraten. Die Butter zugeben, schmelzen lassen und Filets damit überschäumen.

Fertigstellen Schmorgurken und Forellenfilets auf zwei Tellern anrichten. Mit Zitronenscheiben servieren.

FORELLE NACH MÜLLERINART

FÜR 2 PERSONEN
2 Forellen (küchenfertig)
Saft von 1 Zitrone
Salz, Pfeffer
30 g Mehl
3 EL Öl
60 g Butter
20 g Mandelblättchen

Forelle

1. Die Forellen innen und außen unter fließendem Wasser abwaschen und trocken tupfen. Die Fische dann mit Zitronensaft beträufeln und mit Salz und Pfeffer würzen. Das Mehl auf einem Teller verteilen und die Forellen darin wenden.
2. Das Öl in einer Pfanne erhitzen und die Forellen darin von beiden Seiten jeweils 4 Minuten braten.
3. Die Butter in einer weiteren Pfanne bräunen. Die Mandelblättchen darin schwenken. Dabei darauf achten, dass sie nicht zu dunkel werden.

Fertigstellen Die Forellen mit der Mandelbutter auf zwei Tellern anrichten und mit Zitronenscheiben servieren. Dazu passen Salzkartoffeln.

POCHIERTES FORELLENFILET MIT LAUWARMER MEERRETTICH-VINAIGRETTE

FÜR 2 PERSONEN

Für das Forellenfilet

2 Forellenfilets mit Haut
2 Schalotten
4 Stängel Estragon (5 g)
80 g Butter
100 ml Fischfond
80 ml Weißwein
1 Lorbeerblatt
3 Wacholderbeeren

Für die Meerrettich-Vinaigrette

1 EL frisch geriebener Meerrettich
1 TL Senf
1 Prise Zucker
Saft von ½ Zitrone
Salz, Pfeffer

Forellenfilet

1. Die Forellenfilets kalt abspülen und mit Küchenpapier trocken tupfen. Eventuell verbliebene Gräten mit einer Pinzette entfernen. Die Schalotten schälen und in feine Würfel schneiden. Den Estragon waschen und trocken schütteln.
2. Die Butter in einem großen Topf bräunen und die Schalotten kurz darin anschwitzen. Die Hälfte der Schalottenbutter in eine kleine Sauteuse gießen und für die Vinaigrette beiseitestellen.
3. Fischfond, Weißwein, 2 Estragonstängel, Lorbeer und Wacholderbeeren zur restlichen Schalottenbutter geben. Alles auf 72 °C erhitzen. Dann die Forellenfilets in den Sud legen und 8–10 Minuten darin pochieren.

Meerrettich-Vinaigrette

Inzwischen die abgenommene Schalottenbutter leicht erwärmen. Meerrettich, Senf, Zucker und Zitronensaft einrühren. Die Blätter vom restlichen Estragon abzupfen und fein schneiden. Zur Vinaigrette geben und diese mit Salz und Pfeffer abschmecken.

Fertigstellen Die Forellenfilets aus dem Sud nehmen und die Haut ablösen. Die Filets mit der lauwarmen Vinaigrette auf zwei Tellern anrichten und servieren. Dazu passt Kürbis-Risotto (S. 84).

GESCHLOSSENE EINHEIT

/ EINSATZHUNDERTSCHAFT
PP MITTELFRANKEN

EINSATZ-HUNDERTSCHAFT

Zu beanstanden gab es bei diesem vorbildlichen Verkehrsteilnehmer nichts, deswegen gab es gleich im Anschluss ein kostenloses Meet and Greet mit Spitzenkoch Alexander Herrmann.

WER WIR SIND

Zusätzlich zu den Einheiten bei der Bereitschaftspolizei sind bei allen Landespolizeipräsidien in Bayern Einsatzeinheiten in Form von Einsatzhundertschaften aufgestellt.

Bei polizeilichen Einsatzlagen können sie flexibel in Gruppen, als Halbzug, Zug und im Rahmen der gesamten Hundertschaft eingesetzt werden.

WAS WIR MACHEN

Die Einsatzzüge werden in den verschiedensten Bereichen eingesetzt. Die Tätigkeiten reichen im Rahmen des täglichen Dienstes von Streifenunterstützungen des Einzeldienstes (Verkehrs- und Schulwegüberwachung oder Schwerlastverkehr) über die Unterstützung der Kriminalpolizei (Schwerpunktüberwachung, Durchführung von Durchsuchungsaktionen und Razzien) bis hin zur Unterstützung bei Amok- und Terrorlagen.

Bei sogenannten geschlossenen Einsätzen werden die Einsatzzüge allein oder mit der Hundertschaft eingesetzt. Dazu zählen Fußballspiele, Versammlungen und Großveranstaltungen wie Rock im Park, Summer Breeze oder das Taubertal-Festival. Aber auch sogenannte Ad-hoc-Lagen wie zum Beispiel ein Bombenfund oder größere Schadensereignisse gehören dazu.

Um alle Einsatzbereiche erfolgreich und verletzungsfrei bewältigen zu können, sind intensive regelmäßige Fortbildungsmaßnahmen erforderlich.

WAS WIR BRAUCHEN

Sämtliche Aufgaben der Einsatzzüge – in fast allen Bereichen des polizeilichen Einsatzspektrums – erfordern von den Kolleginnen und Kollegen eine hohe Einsatzbereitschaft sowie physische und psychische Belastbarkeit. In einer mehrwöchigen Aus- und Fortbildung werden die Grundlagen für den Dienst bei einem Einsatzzug im taktischen Bereich geschaffen. Die Heranführung an den Streifendienst erfolgt dann in den Einsatzzügen.

Neben dem geschlossenen Einsatz und der Streifenunterstützung werden ausgewählte Beamtinnen und Beamte im Bereich der Beweissicherung und Einsatznachbearbeitung (Videoauswertung, Erstellung von Lichtbildtafeln) sowie der Erstversorgung von Verletzten spezialisiert.

HANNAH FÜR DIE EINSATZHUNDERTSCHAFT

STECKBRIEF

NAME: Hannah

ALTER: 27 Jahre

EINHEIT: 2. Einsatzhundertschaft Mittelfranken, III. Zug – Einsatzzug Ansbach

TÄTIGKEIT: Gruppenführerin 1. Gruppe

Als ich vor etwa 15 Jahren als kleines Mädchen zusammen mit meiner Familie beim Tag der offenen Tür im Polizeipräsidium Mittelfranken eine Vorführung der Spezialeinheiten bestaunte, hätten wohl weder meine Eltern noch ich selbst gedacht, dass ich einige Jahre später einmal selbst Polizistin sein würde.

Am Ende meiner Schulzeit und unzählige „Welcher Studiengang passt zu dir?"-Tests später stellte ich mir die Frage, ob es für mich überhaupt ein Studium sein muss. Ich stieß eher zufällig auf die Bayerische Polizei und landete wieder bei dem Beruf, der mich schon Jahre zuvor fasziniert hatte. Ich wollte im Team arbeiten, psychische und physische Herausforderungen meistern und mit meiner Arbeit Sinnvolles bewirken.

Nach bestandenem Auswahlverfahren folgte meine Einstellung bei der III. Bereitschaftspolizeiabteilung Würzburg. Während der Ausbildung wurde mir schnell bewusst, dass ich mit meiner Berufswahl sprichwörtlich ins Schwarze getroffen hatte – und das nicht nur beim wöchentlichen Schießtraining.

Im März 2017 führte mich mein Weg nach erfolgreichem Abschluss der Ausbildung heimatnah zum Einsatzzug nach Ansbach. Unter meiner zukünftigen Dienststelle konnte ich mir anfangs nicht wirklich etwas vorstellen. Ich kannte die „klassische" Verwendung der Kollegen im Streifendienst, bei der Kriminalpolizei oder bei der Bereitschaftspolizei. Aber was machte der Einsatzzug?

Gleich in meiner ersten Woche lernte ich einen Hauptaufgabenteil des Einsatzzugs kennen. Nach einer kurzen Taktikübung ging es für mich bereits am nächsten Tag nach Fürth zu meinem ersten „Franken-Derby" zwischen dem 1. FC Nürnberg und der SpVgg Greuther Fürth. Die aufgeheizte Stimmung zwischen den rivalisierenden Fangruppen, der rote und grüne Rauch aus den Rauchtöpfen, die Sprechchöre der Fußballfans, die Körperschutzausstattung – diese Flut an Eindrücken musste ich erst einmal sortieren. Solche Einsätze sind für mich inzwischen Routine, aber dennoch erinnere ich mich gern an diesen ersten Einsatz zurück.

Inzwischen bin ich als Gruppenführerin beim Einsatzzug Ansbach tätig. Zu meinen Aufgaben gehören das taktische Führen meiner Einsatzgruppe, die Planung unserer wöchentlichen Ausbildungstage und die Qualitätssicherung bei der Anzeigenbearbeitung.

Das Schönste an meinem Dienst beim Einsatzzug ist die tägliche Vielfalt. Jeder Tag ist individuell, jedes Gegenüber hat seine eigene Geschichte. Neben der Betreuung von verschiedenen Veranstaltungen, Fußballspielen oder Demonstrationen rückte in den letzten Jahren vermehrt auch der Umgang mit lebensbedrohlichen Einsatzlagen in unseren Fokus. Umso wichtiger ist es also, neben den normalen Diensten auch regelmäßig unser taktisches Vorgehen zu trainieren, um im Ernstfall bestmöglich vorbereitet zu sein.

Anders als im regulären Streifendienst verbringen wir beim Einsatzzug unseren Tag hauptsächlich außerhalb der Dienststelle, um genau dort zu unterstützen, wo wir gebraucht werden. Unser Gruppenbus muss also gleichzeitig als Fortbewegungsmittel, Büro, Rückzugsort und Küche dienen. Dementsprechend kreativ muss man bei der Wahl seiner Verpflegung sein. Sie sollte gesund sein, am besten auch kalt schmecken und die eine oder andere längere Liegezeit im Fahrzeug unbeschadet überstehen. Neben dem klassischen Pausenbrot oder Obst gehören natürlich auch der obligatorische Schokoriegel oder ein paar Gummibärchen zum Dienst dazu. Umso mehr freue ich mich, wenn ich während einer unserer zahlreichen Fortbildungen auch einmal die Gelegenheit habe, mir ein vollwertiges und gesundes Essen aus der Kantine schmecken zu lassen. Besonders zu empfehlen: Hendlhaxen mit Aprikosen-Couscous.

„Bitte mal rechts ranfahren!" Die Spannung vor der ersten gemeinsamen Polizeikontrolle war groß. Wir waren sehr neugierig, wie die Verkehrsteilnehmer auf diese ungewöhnliche Kombination reagieren.

HENDLHAXEN IN JOGHURT MARINIERT

MIT APRIKOSEN-COUSCOUS

FÜR 4 PERSONEN

Für die Hendlhaxen

4 Hendlhaxen (à etwa 280 g)
2 Knoblauchzehen
500 g Joghurt
1 TL abgeriebene Bio-Zitronenschale
4 TL Currypulver (oder Garam Masala)
Salz
1 cl Weinbrand (oder Whisky)

Für das Aprikosen-Couscous

200 g getrocknete Aprikosen (oder andere Trockenfrüchte)
200 g Couscous
400 ml Gemüsebrühe (oder Wasser und Salz)
1 Kaffir-Limettenblatt
4 EL Öl
8 kleine Blätter Minze

Außerdem

260 g Kürbis-Chutney zum Servieren

Hendlhaxen

1. Die Hendlhaxen waschen und mit Küchenpapier sorgfältig trocken tupfen, bis sich kein Wasser mehr darauf befindet. Den Knoblauch schälen und hacken.

2. Den Joghurt mit Knoblauch, Zitronenschale, Currypulver und Salz in einer großen Schüssel gut verrühren. Die Hendlhaxen in die Marinade legen und damit einreiben. Das Fleisch dann in der Marinade mindestens 2–3 Stunden im Kühlschrank durchziehen lassen.

3. Den Backofen auf 180 °C vorheizen, ein Backblech mit einer Backmatte oder Backpapier belegen. Das Fleisch aus dem Kühlschrank nehmen, den Weinbrand zugeben und alles nochmals gut verrühren. Die Hendlhaxen dann auf das Backblech legen und die restliche Marinade gleichmäßig darauf verteilen. Im Ofen bei 170 °C etwa 40 Minuten garen.

Aprikosen-Couscous

1. Inzwischen die Aprikosen in kleine Würfel schneiden und mit dem Couscous in eine Schüssel geben. Die Gemüsebrühe mit dem Limettenblatt aufkochen. (Alternativ das Wasser aufkochen und leicht salzen.) Die Brühe über den Couscous gießen und gut umrühren. Den Couscous dann quellen lassen, bis er die gesamte Brühe aufgenommen hat.

2. Danach das Öl mit einem Schneebesen unter den Couscous rühren, bis die Körnchen nicht mehr aneinander kleben. Die Minze waschen, trocken tupfen und klein schneiden. Kurz vor dem Servieren unter den Couscous mischen.

Fertigstellen Die Hendlhaxen auf vier Tellern anrichten. Mit dem Aprikosen-Couscous und dem Kürbis-Chutney servieren.

TIPP

Die Hendlhaxen dürfen ruhig bis zu 1 Tag in der Marinade ziehen. Und Smoker-Fans aufgepasst: Wer einen Smoker besitzt, kann die Hendlhaxen auch darin garen. Aber Achtung, hier variieren die Garzeiten!

HÄHNCHENKEULEN MEDITERRAN

FÜR 2 PERSONEN

2 Hähnchenkeulen
200 g Datteltomaten
1 Knolle Fenchel
1 rote Zwiebel
2 Knoblauchzehen
2 Zweige Rosmarin
3 EL Olivenöl
Salz
100 ml Weißwein
50 g Kalamata-Oliven (entsteint)
2 EL Kapern (aus dem Glas)
1 Dose stückige Tomaten (400 g)
1 EL Tomatenmark
Pfeffer

Hähnchenkeulen

1. Den Backofen auf 190 °C vorheizen. Die Hähnchenkeulen im Gelenk in Ober- und Unterschenkel teilen. Die Hähnchenteile waschen und mit Küchenpapier trocken tupfen.
2. Die Tomaten waschen und halbieren. Den Fenchel waschen, halbieren und den Strunk herausschneiden. Die Hälften dann in Spalten schneiden. Die Zwiebel schälen und ebenfalls in Spalten schneiden. Den Knoblauch schälen und fein hacken. Den Rosmarin waschen, trocken schütteln und die Nadeln fein hacken.
3. Die Hälfte vom Olivenöl in einem Bräter erhitzen. Die Hähnchenteile salzen und darin rundum scharf anbraten. Auf einem Teller beiseitestellen.
4. Das restliche Öl in den Bräter geben. Fenchel, Zwiebel und Knoblauch darin 5 Minuten anbraten. Mit dem Weißwein ablöschen, Datteltomaten, Rosmarin, Oliven, Kapern, stückige Tomaten und Tomatenmark zufügen. Das Gemüse mit Salz und Pfeffer würzen. Die Hähnchenteile mit der Hautseite nach oben auf das Gemüse legen und im Ofen 45 Minuten schmoren.

Fertigstellen Die Hähnchenkeulen mit dem mediterranen Gemüse auf vier Tellern anrichten und servieren.

HÄHNCHENKEULEN VOM GRILL

FÜR 2 PERSONEN

1 rote Chilischote
2 Knoblauchzehen
1 Prise Zucker
Salz
2 EL Zuckerrübensirup
3 EL Öl
2 EL Sojasauce
2 TL Paprikapulver
4 ausgelöste Hähnchenkeulen

Hähnchenkeulen

1. Die Chilischote waschen, putzen und in feine Ringe schneiden. Den Knoblauch schälen und fein hacken. Zucker und 1 TL Salz zum Knoblauch geben und alles mit dem Messerrücken auf dem Schneidebrett zu einer feinen Paste verreiben.
2. Knoblauchpaste, Rübensirup, Öl, Sojasauce, Paprikapulver und Chiliringe in einer Schüssel zu einer Marinade verrühren.
3. Die Hähnchenkeulen waschen, mit Küchenpapier trocken tupfen und gründlich mit der Würzpaste einreiben. Die Keulen in die Marinade legen und zugedeckt über Nacht im Kühlschrank ziehen lassen.
4. Das Fleisch mindestens 1 Stunde vor der Verwendung aus dem Kühlschrank nehmen und Raumtemperatur annehmen lassen. Danach den Grill anheizen. Die Hähnchenkeulen auf dem Rost grillen, bis die Haut knusprig und das Fleisch gar ist. (Alternativ in einer heißen Grillpfanne grillen.)

Fertigstellen Das Fleisch in Streifen schneiden und auf zwei Tellern anrichten. Mit Salat servieren.

BRATHENDL MIT KARTOFFEL-GURKEN-SALAT

FÜR 2 PERSONEN

Für das Brathendl

3 EL Butter
3 EL Öl
1 TL edelsüßes Paprikapulver
1 TL rosenscharfes Paprikapulver
¼ TL Cayennepfeffer
Salz, Pfeffer
½ Bio-Zitrone
1 Zwiebel
1 Stängel Liebstöckel
1 Bund Petersilie (30 g)
1 Hähnchen (küchenfertig)

Für den Kartoffel-Gurken-Salat

400 g gekochte Kartoffeln (Pell-kartoffeln)
1 Salatgurke
1 Zwiebel
50 ml Olivenöl
1 TL Senf
3 EL Weißweinessig
125 ml Gemüsebrühe
1 TL Zucker

Außerdem

3 Rouladennadeln (oder Bratengarn)

Brathendl

1. Den Backofen auf 150 °C vorheizen. Butter und Öl in einem kleinen Topf erhitzen. Beide Paprikapulver, Cayennepfeffer, ½ TL Salz und Pfeffer einrühren.
2. Die Zitrone heiß abwaschen, abtrocknen und vierteln. Die Zwiebel schälen und vierteln. Liebstöckel und Petersilie waschen und trocken schütteln.
3. Das Hähnchen waschen, trocken tupfen und rundum salzen. Zitronen- und Zwiebelspalten, Liebstöckel und die Hälfte der Petersilie in die Bauchhöhle füllen und diese mit Rouladennadeln verschließen. Das Hähnchen in eine Auflaufform legen und rundum mit einem Drittel der Würzbutter bestreichen. Dann 200 ml heißes Wasser angießen und das Hähnchen im Ofen 30 Minuten garen.
4. Das Hähnchen danach wenden, wieder mit einem Drittel der Würzbutter bestreichen und 30 Minuten weitergaren. Zur Garprobe mit einem Holzspieß zwischen Brust und Keule ins Fleisch stechen. Tritt klare Flüssigkeit aus, ist das Hähnchen gar. Ansonsten noch kurz weitergaren.
5. Das fertige Hähnchen aus dem Ofen nehmen und diesen auf Grillfunktion schalten. Das Hähnchen mit einer Geflügelschere der Länge nach halbieren, das Rückgrat herausschneiden und die Füllung entfernen. Die Hälften mit der Hautseite nach oben auf das Ofengitter legen und mit dem restlichen Drittel Würzbutter bestreichen. Das Gitter in den Ofen schieben, ein Backblech als Tropfschutz darunter einschieben und die Hendl-Hälften in 10–15 Minuten goldbraun grillen.

Kartoffel-Gurken-Salat

1. Die Kartoffeln pellen und in Scheiben schneiden. Die Gurke waschen oder schälen und in Scheiben hobeln. Die Zwiebel schälen und fein würfeln.
2. In einem kleinen Topf 1 EL Öl erhitzen und die Zwiebel darin glasig andünsten. Senf, Essig, Brühe und Zucker zugeben. Aufkochen, vom Herd nehmen und abkühlen lassen. Dann das restliche Olivenöl (40 ml) in die Vinaigrette rühren.
3. Die Vinaigrette mit Kartoffel- und Gurkenscheiben in einer großen Schüssel vermischen. Den Salat mit Salz und Pfeffer abschmecken. Die restliche Petersilie fein schneiden und unter den Salat heben.

Fertigstellen Das Backhendl mit dem Kartoffel-Gurken-Salat auf zwei Tellern anrichten und servieren.

VERKEHRS-PRÄVENTION

/ FILMPROJEKT
PP OBERFRANKEN

VERKEHRSPRÄVENTION FILMPROJEKT

»»RECHTZEITIG AGIEREN UND AUFKLÄREN, BEVOR JEMAND OPFER EINER STRAFTAT ODER EINES UNFALLS WIRD‹, MIT DIESEM GRUNDGEDANKEN VERRICHTET JEDE PRÄVENTIONSBEAMTIN UND JEDER PRÄVENTIONSBEAMTE DEN DIENST.«

WER WIR SIND

Prävention ist die grundsätzliche Aufgabe jeder Polizistin und jedes Polizisten. Aus dem Lateinischen übersetzt bedeutet Prävention „zuvorkommen" oder „verhüten" und zählt beim Polizeiberuf zu den Kernelementen des Tätigkeitsbereichs – gleich nach der Repression, also der Verfolgung von Straftaten.

Da Prävention allerdings viele Facetten umfasst, fordert sie auch ein umfangreiches Fachwissen. So unterscheiden sich die Schwerpunktthemen in den Sparten der Kriminal- und der Schutzpolizei elementar. Und um dieser Themenvielfalt professionell zu begegnen, werden bei der Bayerischen Polizei zusätzlich speziell ausgebildete Präventionsbeamtinnen und -beamte eingesetzt. Sie decken mit ihrem fundierten Wissen die jeweiligen Präventionsbereiche zielgruppenorientiert ab.

Für die Sparte der Kriminalpolizei sind dies auszugsweise die kriminalpolizeilichen Fachberater oder die Drogenpräventionsbeauftragten, die bei jeder Kriminalpolizeiinspektion angegliedert sind. In der Sparte der Schutzpolizei findet ein wesentlicher Teil der Präventionsarbeit im Bereich des Verkehrs statt. Vor allem die Verkehrserzieherinnen und -erzieher, die nahezu bei allen örtlichen Polizeidienststellen zu finden sind, erklären den jungen, manchmal aber auch den lebensälteren Verkehrsteilnehmern die Gefahren des Straßenverkehrs.

WAS WIR MACHEN

„Rechtzeitig agieren und aufklären, bevor jemand Opfer einer Straftat oder eines Unfalls wird", mit diesem Grundgedanken verrichtet jede Präventionsbeamtin und jeder Präventionsbeamte den Dienst. Auch wenn es vielleicht dem Blick in eine Glaskugel ähnelt, so gilt es für die Polizistinnen und Polizisten, vorausschauend zu handeln und Gefahrensituationen im Alltag frühzeitig zu erkennen. Diese Gefahren dann an die Bürgerinnen und Bürger zu vermitteln, bevor etwas passiert, fordert die Präventionsbeamtinnen und -beamten, macht ihre Tätigkeit aber auch erfüllend und nahbar.

Beispielsweise informieren die Fachberater bei den Kriminalpolizeiinspektionen Rat suchende Bürger und Bürgerinnen über technische Sicherungseinrichtungen für Haus und Wohnung und beraten über allgemeine Fragen der Verbrechensvorbeugung. Letztendlich zählt die vorbeugende Kriminalitätsbekämpfung aber nicht nur zu den polizeilichen, sondern auch zu den gesamtgesellschaftlichen Aufgaben.

Im Bereich der Drogenprävention verfolgt die Bayerische Polizei das Ziel einer totalen Abstinenz im Hinblick auf illegale Drogen, den selbstkontrollierten Umgang mit legalen Drogen und die Sensibilisierung gegen Medikamentenmissbrauch. Auch die Sucht ist als gesamtgesellschaftliches Problem zu verstehen, und Prävention in

Starkoch Alexander Herrmann legt sich zusammen mit Stefanie und Handpuppe WALLY vom PP Oberfranken für die Präventionsarbeit ins Zeug.

Die neueste Folge der Serie (2023) bringt Kindern spielerisch die wichtigsten Verkehrszeichen bei.

diesem Bereich muss deshalb vernetzt erfolgen. Die polizeilichen Drogenpräventionsbeauftragten arbeiten daher mit verschiedenen Institutionen und Organisationen eng zusammen und beteiligen sich an unterschiedlichen Suchtarbeitskreisen.

Eine gute Vernetzung ist auch bei der Verkehrsprävention erforderlich, denn die hier eingesetzten Verkehrserzieherinnen und -erzieher machen in den Kindergärten und Schulen besonders die jungen und unerfahrenen Verkehrsteilnehmer, aber auch deren Eltern auf die Gefahren des Straßenverkehrs aufmerksam. Hier nutzen sie engagiert ihre Präsenz vor Ort und gehen mit dem Einsatz neuer Technologien wie Virtual-Reality-Brillen neue Wege. Mit der seit Jahrzehnten bewährten Fahrradprüfung sorgen die Polizistinnen und Polizisten in den Jugendverkehrsschulen dafür, dass sich die Kinder sicher im Straßenverkehr bewegen. Aber auch den noch jüngeren Verkehrsteilnehmern sollen die verkehrspräventiven Lerninhalte möglichst spielerisch vermittelt werden. Zielgruppenorientierte Verkehrspräventionsprojekte wie „WALLY UND ROB – im Straßenverkehr top!" sorgen hier mit der Handpuppe WALLY rasch für einen Zugang und für die Aufmerksamkeit der Kinder.

Wie man sieht, steht die polizeiliche Präventionsarbeit in Bayern auf vielen Füßen und auf einem Fundament aus Engagement, Ideen und Einsatz ihrer Beschäftigten.

WAS WIR BRAUCHEN

Präventionsbeamte benötigen neben einem fundierten Fachwissen und einer strategischen Denkweise mit viel Kreativität eine ebenso ausgeprägte Fähigkeit zur Empathie, um auf die individuellen Bedürfnisse und Sorgen der Bürgerinnen und Bürger eingehen zu können. Dabei sollte die Freude am direkten Umgang mit den Menschen, die ohnehin zu den Grundlagen für den Polizeiberuf zählt, bei diesen Polizistinnen und Polizisten besonders ausgeprägt sein. Eine ordentliche Portion Geduld und ein besonderes Maß an Hilfsbereitschaft runden das Anforderungsprofil einer Präventionsbeamtin und eines Präventionsbeamten sinnvoll ab.

Fachwissen, Kreativität und Empathie bringen die polizeilichen Präventionsbeamten mit – und natürlich darf auch der Spaß nicht zu kurz kommen.

STEFANIE FÜR DIE VERKEHRSPRÄVENTION PP OBERFRANKEN

Ich bin schon seit über 25 Jahren Polizistin und konnte viele Facetten und Aufgabenfelder der Polizeiarbeit kennenlernen. Vom Streifendienst bis zur Ermittlungstätigkeit bei Kriminaldelikten durfte ich in den verschiedensten Tätigkeitsfeldern der Polizei arbeiten.

Seit über einem Jahrzehnt bin ich nun in der Verkehrsprävention tätig. Als Verkehrserzieherin arbeitete ich lange Jahre in München bei der Jugendverkehrsschule und habe viel mit Kindern zu tun gehabt. Nach einiger Zeit hatte ich das Glück, zur Verkehrspolizeipuppenbühne München wechseln zu können, und wurde Polizeipuppenspielerin der Bayerischen Polizei. Hier habe ich erfahren, wie Lerninhalte für die Kinder zur Verkehrsprävention ganz anders transportiert werden können. Es ist beeindruckend, wie die Kinder mit den Spielstücken mitgehen, da sie sich viel besser mit den Puppen identifizieren und somit die Lerninhalte viel besser aufnehmen. Ich bin mit ganzem Herzen Puppenspielerin und davon überzeugt, dass die Puppe ein ideales Medium der Verkehrsprävention für Kinder ist. Das oberste Ziel ist es, die Kleinsten vom Kindergartenalter bis zum Grundschulalter auf die Gefahren des Straßenverkehrs vorzubereiten und aufzuklären, damit sie sicher und unfallfrei zu Hause ankommen.

STECKBRIEF

NAME: Stefanie

ALTER: 46 Jahre

EINHEIT: E2 / Verkehr beim Polizeipräsidium Oberfranken

TÄTIGKEIT: Verkehrspräventionsprojekte wie WALLY UND ROB – im Straßenverkehr top!; Ansprechpartnerin für die Verkehrserzieherinnen und Verkehrserzieher des Polizeipräsidiums Oberfranken

2016 stand für mich der Wechsel in meine Heimat Oberfranken an. Ich bin Mama geworden und habe zusammen mit meinem Mann ein Haus gebaut. Privat ließ mich das Puppenspiel nicht los, ich habe oft und gern mit kleinen Handpuppen für meine Tochter gespielt. Nach zwei Jahren Elternzeit begann ich meinen Dienst bei der Polizeiinspektion Bayreuth-Land. In der Pandemiezeit hat ein zufälliges Treffen im Hofraum des Polizeipräsidiums Oberfranken mit dem Sachgebiet E2 / Verkehr alles verändert: Die Idee zu WALLY UND ROB war geboren.

Ein Zufall brachte die Polizeipuppenspielerin Stefanie mit der Handpuppe WALLY zusammen. Seitdem sind sie ein Herz und eine Seele.

Wenn man sich im Straßenverkehr und beim Kochen an die Regeln hält, macht alles doppelt Spaß.

Im Jahr 2021 ging das Polizeipräsidium Oberfranken mit einem neuen, digitalen und bisher einzigartigen Filmpräventionsprojekt der Bayerischen Polizei an den Start: WALLY UND ROB – im Straßenverkehr top! Ein niedliches kleines Handpuppenkänguru namens WALLY kennt sich bei uns im Straßenverkehr nicht aus, denn in Australien ist nun einmal alles ganz anders als bei uns. Gut, dass WALLY den netten Polizisten ROB trifft, denn ROB hilft und erklärt, wie man sich sicher im Straßenverkehr bewegt und Gefahren erkennt.

Anhand von WALLY sollen sich die Kinder der Gefahren im Straßenverkehr bewusst werden. Sie identifizieren sich mit WALLY und lernen damit kinderleicht. Die Kinder wachsen in der digitalen Welt auf und mussten sich durch das Homeschooling mit den Medien vertraut machen. Neue Medien sind in der heutigen Zeit nicht mehr wegzudenken, das digitale Klassenzimmer wurde schon in den Jahren vor der Pandemie in vielen Schulen vorangetrieben. Unser Filmprojekt soll ein Zusatzangebot sein, jederzeit und überall für jedermann im Internet und in verschiedenen sozialen Medien abrufbar, damit es möglichst viele Kinder der Zielgruppe erreicht, um Unfälle zu vermeiden. Wir freuen uns übrigens über Kommentare und Likes ☺ in den sozialen Medien!

Lehrer und Erzieher können die Filme zur Unterrichtsvorbereitung und unterrichtsbegleitend nutzen. Aber auch Eltern, Erziehungsberechtigte, Sorgeberechtigte, Opas oder Omas können diese gemeinsam mit ihren Liebsten ansehen und mit ihnen darüber sprechen, damit sie sicher im Straßenverkehr unterwegs sind.

Für die Polizeiarbeit ist es ein unterstützendes Medium zur Verkehrssicherheitsarbeit, das den Polizisten oder den Verkehrserzieher in Präsenz nicht ersetzen soll. Wer kennt ihn nicht mehr? Fast jeder Erwachsene kann sich noch an seinen Verkehrserzieher-Polizisten beim „Fahrrad-Führerschein" auf dem Schulhof erinnern!

Das Polizeipräsidium Oberfranken hat mit seinem Projekt eine neue Art der Verkehrspräventionsarbeit für Kinder ins Leben gerufen. Ich bin sehr glücklich und stolz, die Verkehrspuppenspielerin von WALLY zu sein und diese Art von Dienst in meinem Bereich beim Sachgebiet E2 / Verkehr zusammen mit meinen anderen Aufgaben ausüben zu können. Ich kann kreativ arbeiten – und das mit großer Leidenschaft.

Beim „Kasperltheater" hat man die Reaktion der Kinder live erlebt und konnte mithilfe der Puppen interagieren. Das geht über einen Film natürlich nicht, aber wenn ich sehe, wie die Kinder beim Ansehen der Clips mitmachen und mit WALLY sprechen, weiß ich, warum wir diese wichtige Arbeit machen: zum Schutz der schwächsten Verkehrsteilnehmer, unserer Kinder!

INFOS

zum Verkehrspräventionsprojekt „WALLY UND ROB – im Straßenverkehr top!"

www.wallyundrob.de
Instagram: wally_und_rob

Als kreativer und emotionaler Mensch weiß ich auch ein gutes Essen zu schätzen. Ich esse mit Genuss und Leidenschaft, besonders gern die typischen Beilagengerichte und Süßspeisen. Auch wenn ich Fisch oder Fleisch mag, bin ich durchaus nur mit den Beilagen als Hauptgericht zufrieden. Es muss also nicht immer Spaghetti Bolognese sein, Nudeln mit Linsenbolognese schmecken ausgezeichnet. Ich mache gern das einfache Essen exotisch und bin hier sehr experimentierfreudig. In der Küche bin ich – wie beim Schreiben eines Drehbuchs für den nächsten Präventionsfilm – oft spontan und kreativ.

SPAGHETTI MIT
LINSENBOLOGNESE

FÜR 4 PERSONEN

150 g Karotten
100 g Knollensellerie
120 g Schalotten
1 Knoblauchzehe
2 EL Olivenöl
150 g rote Linsen
600 g passierte Tomaten
(aus der Dose)
500 ml Gemüsebrühe
500 g Spaghetti
Salz, Pfeffer
1 Bund mediterrane Kräuter
(Basilikum, Oregano, Thymian)

Linsenbolognese

1. Karotten und Sellerie schälen und in kleine Würfel schneiden. Die Schalotten schälen und ebenfalls in kleine Würfel schneiden. Den Knoblauch schälen und fein hacken.

2. Das Öl in einem Topf erhitzen. Gemüse, Schalotten und Knoblauch darin glasig andünsten. Linsen, passierte Tomaten und Gemüsebrühe einrühren. Alles etwa 15 Minuten köcheln lassen, bis die Linsen weich sind.

3. Inzwischen die Spaghetti nach Packungsanweisung in kochendem Salzwasser bissfest garen. In ein Sieb abgießen und abtropfen lassen.

4. Die Bolognese mit Salz und Pfeffer abschmecken. Die Kräuter waschen, trocken schütteln und die Blätter fein schneiden. In die Linsenbolognese rühren.

Fertigstellen Die Spaghetti mit der Linsenbolognese auf vier Pastatellern anrichten und servieren.

KRÄUTER

Frische mediterrane Kräuter geben der Bolognese den letzten Schliff. Sie können nur eine Kräutersorte oder eine Mischung in die Sauce rühren. Orientieren Sie sich dabei am Angebot der jeweiligen Saison.

KLASSISCHE BOLOGNESE

FÜR 4 PERSONEN

1 Zwiebel
1 Knoblauchzehe
1 Karotte
1 Stange Staudensellerie
Olivenöl zum Braten
500 g Rinderhackfleisch
Salz, Pfeffer
2 EL Tomatenmark
200 ml Rotwein
600 g ganze geschälte Tomaten
(aus der Dose)
100 ml Milch
1 Lorbeerblatt
4 Zweige Rosmarin
4 Zweige Thymian

Bolognese

1. Zwiebel und Knoblauch schälen und in feine
Würfel schneiden. Die Karotte schälen und
würfeln. Den Staudensellerie waschen, putzen
und würfeln.
2. Etwas Olivenöl in einer Pfanne erhitzen und
das Hackfleisch darin gleichmäßig anbraten.
Zwiebel, Knoblauch, Karotte und Sellerie zugeben.
Alles mit Salz und Pfeffer würzen.
3. Das Tomatenmark zufügen und kurz anschwitzen. Mit dem Rotwein ablöschen und diesen kurz
einkochen lassen. Tomaten, Milch und Lorbeerblatt
zugeben. Rosmarin und Thymian waschen, trocken
schütteln und die Zweige ebenfalls zugeben.
Die Sauce mit Salz und Pfeffer würzen und bei
mittlerer Hitze etwa 1 Stunde köcheln lassen.
4. Danach Kräuterzweige und Lorbeerblatt
entfernen und die Bolognese nochmals mit Salz
und Pfeffer abschmecken.

Fertigstellen Die Bolognese mit Spaghetti oder
einer anderen Pasta auf vier Tellern anrichten.
Mit Parmesan zum Bestreuen servieren.

VEGANE BLUMENKOHL-BOLOGNESE

FÜR 4 PERSONEN

1 Zwiebel
1 Knoblauchzehe
1 Karotte
1 Stange Staudensellerie
500 g Blumenkohlröschen
40 g Walnusskerne
Olivenöl zum Braten
2 EL Tomatenmark
100 ml Rotwein
600 g ganze geschälte Tomaten (aus der Dose)
¼ TL Chiliflocken
1 TL getrockneter Oregano
1 Lorbeerblatt
Salz, Pfeffer

Blumenkohl-Bolognese

1. Zwiebel und Knoblauch schälen und in feine
Würfel schneiden. Die Karotte schälen und
würfeln. Den Staudensellerie waschen, putzen
und würfeln. Blumenkohl und Walnüsse im Mixer
fein zerkleinern.
2. Etwas Olivenöl in einem Topf erhitzen und die
Zwiebel darin glasig andünsten. Knoblauch,
Karotte, Sellerie, Blumenkohl und Walnüsse
zugeben und alles weitere 5 Minuten anschwitzen.
3. Danach das Tomatenmark zufügen und
ebenfalls kurz anschwitzen. Mit dem Rotwein
ablöschen. Tomaten, Chiliflocken, Oregano und
Lorbeer zugeben. Die Sauce mit Salz und Pfeffer
würzen und bei mittlerer Hitze etwa 30 Minuten
köcheln lassen.
4. Das Lorbeerblatt entfernen und die Sauce
nochmals mit Salz und Pfeffer abschmecken.

Fertigstellen Die Blumenkohl-Bolognese mit
Spaghetti oder einer anderen Pasta auf vier Tellern
anrichten und servieren.

VEGANE PILZ-BOLOGNESE
MIT WILDGEWÜRZEN

FÜR 4 PERSONEN

40 g getrocknete Steinpilze
1 Zwiebel
1 Knoblauchzehe
1 Karotte
1 Stange Staudensellerie
400 g Egerlinge (braune
Champignons)
Olivenöl zum Braten
2 EL Tomatenmark
600 g ganze geschälte Tomaten
(aus der Dose)
1 Lorbeerblatt
¼ TL gemahlenes Piment
½ TL Wacholderbeeren
Salz, Pfeffer

Pilz-Bolognese

1. Die Steinpilze in 150 ml warmem Wasser einweichen. Inzwischen Zwiebel und Knoblauch schälen und in feine Würfel schneiden. Die Karotte schälen und würfeln. Den Staudensellerie waschen, putzen und würfeln. Die Egerlinge bei Bedarf mit einem Tuch abreiben und putzen. Dann im Mixer fein hacken. Die Steinpilze in ein Sieb abgießen, dabei das Einweichwasser auffangen. Die Steinpilze ausdrücken und hacken.

2. Etwas Olivenöl in einer Pfanne erhitzen und die Champignons darin etwa 10 Minuten anbraten, bis das Wasser vollständig ausgetreten ist und die Pilze gebräunt sind. Dann Steinpilze, Zwiebel, Knoblauch, Karotte und Sellerie zugeben und weitere 5 Minuten anschwitzen.

3. Danach das Tomatenmark zufügen und ebenfalls kurz anschwitzen. Tomaten, Steinpilzwasser, Lorbeer und Piment zugeben. Die Wacholderbeeren grob zerstoßen und zufügen. Die Sauce mit Salz und Pfeffer würzen und bei mittlerer Hitze etwa 30 Minuten köcheln lassen.

4. Das Lorbeerblatt entfernen und die Sauce zuletzt nochmals mit Salz und Pfeffer abschmecken.

Fertigstellen Die Pilz-Bolognese mit Spaghetti oder einer anderen Pasta auf vier Tellern anrichten und servieren.

WASSERSCHUTZ-POLIZEI

/ PP SCHWABEN SÜD/WEST

WASSERSCHUTZPOLIZEI

ANFORDERUNGEN:

- Hohe Einsatzbereitschaft
- Gutes Fachwissen
- Teamfähigkeit
- Kommunikationsfähigkeit
- Rasche Auffassungsgabe

WER WIR SIND

Jedes Bundesland mit entsprechenden Gewässern bildet ausgewählte Beamtinnen und Beamte zu Bootsführern der Wasserschutzpolizei (kurz: WSP) aus. Diese sind in der Lage, die Polizeiboote als spezielles Einsatzmittel zu fahren. Zusätzlich haben sie durch verschiedene spezielle Lehrgänge die notwendigen Fachkenntnisse im nautischen, technischen und vor allem auch im rechtlichen Bereich, um die Einhaltung der Regeln auf den bayerischen Gewässern zu überwachen und zu kontrollieren.

Die Einheiten der Wasserschutzpolizei sind in Bayern sowohl auf den Bundeswasserstraßen im Einsatz als auch auf den bayerischen Seen und dem Bodensee mit der besonderen Lage im Dreiländereck Deutschland, Österreich und Schweiz.

WAS WIR MACHEN

In Bayern wird durch die Kolleginnen und Kollegen der Wasserschutzpolizei vorrangig der Güterverkehr auf den Bundeswasserstraßen Main, Main-Donau-Kanal und Donau überwacht. An den bayerischen Seen und dem Bodensee steht vor allem die Überwachung der Sportboote im Vordergrund. Ein weiterer, zunehmend wichtiger Schwerpunkt ist der Blick auf die Einhaltung der geltenden Umweltvorschriften in den bayerischen Gewässern und um sie herum. Aber auch die Seenotrettung in Zusammenarbeit mit den Rettungsorganisationen ist eine wichtige Aufgabe.

WAS WIR BRAUCHEN

Die Einsätze erfordern Fachwissen im Führen von Einsatzbooten. Neben den kleineren Streifenbooten sind auch sogenannte Streckenboote im Einsatz, die eine Länge von 15 bis 20 Metern haben und mit modernster Technik ausgestattet sind. Neben der Navigationsanlage und dem Radar stehen teilweise auch Wärmebildkameras, Sonargeräte zur Unterwassersuche und Tauchroboter mit Kameras (ROV = Remotely Operated Vehicle) zur Verfügung. Bei Seenoteinsätzen muss das Boot bei Sturm und Seegang sicher navigiert werden und eine Rettung von Personen und Wasserfahrzeugen gewährleistet sein.

SCHIFFSDATEN:

- Streckenboot WSP 30 „Hecht"
- Länge: 20,88 m
- größtes Polizeiboot in Bayern
- Leistung 1.500 PS (2x MAN Schiffsdiesel)
- geeignet für Seenoteinsätze auf dem Bodensee

GERD FÜR DIE WSP-GRUPPE LINDAU AM BODENSEE

Meine dienstliche Laufbahn habe ich 1986 begonnen. Nach der Ausbildung verbrachte ich noch zwei Jahre bei der Bereitschaftspolizei und wechselte 1991 zur Polizeiinspektion Lindau (B). Dort war ich zunächst im Streifendienst tätig, bis ich 1997 vom Landdienst auf das Wasser, nämlich den Bodensee, wechselte. Die Ausbildung erstreckte sich hierbei über drei Jahre und umfasste mehrere Lehrgänge. Sehr interessant waren die Lehrgänge in Hamburg, wo ich auch auf Kollegen aus anderen Bundesländern traf. Seit dem Jahr 2000 bin ich Bootsführer der Wasserschutzpolizei. Nach meinem Studium an der Beamtenfachhochschule wurde ich 2011 stellvertretender Leiter der WSP-Gruppe Lindau (B). Diesen Posten habe ich bis heute inne, der Dienst auf dem Wasser ist interessant und abwechslungsreich. Neben den Sportbootkontrollen betreuen wir auch Wassersportveranstaltungen wie zum Beispiel die Nachtregatta RUND UM, bei der bis zu 400 Boote den gesamten Bodensee umrunden. Außerdem sind wir zusammen mit der Wasserwacht Bayern und den Rettungsorganisationen im Seenotrettungsdienst tätig.

Meine Hobbys sind Radfahren, Nordic Walking und Musik. Ich spiele Saxofon und besuche regelmäßig Livekonzerte oder Musicals. Außerdem gehe ich gern auf Reisen, vor allem das Mittelmeer und die Kanaren sind meine bevorzugten Reiseziele. Dort gehe ich nach Möglichkeit zum Schwimmen und Schnorcheln oder erkunde die Gegend bei Wanderungen. Auch die Ostsee und den Ärmelkanal habe ich schon im Rahmen von Kreuzfahrten erkundet. Mit neuen kulinarischen Eindrücken und Rezepten gibt es dann zu Hause wieder etwas zum Nachkochen.

Da mein Beruf körperliche Fitness erfordert, ist mir neben dem Sport auch eine gesunde Ernährung wichtig. Als Vater von zwei Kindern (26 und 23 Jahre alt) wurde auch bei uns zu Hause großer Wert auf eine ausgewogene Ernährung gelegt. Es gab (und gibt, meine Kinder wohnen aber nicht mehr zu Hause) regelmäßig fri-

STECKBRIEF

NAME: Gerd

ALTER: 53 Jahre

EINHEIT: WSP-Gruppe der PI Lindau (Bodensee)

TÄTIGKEIT: Stellvertretender Leiter

sche, selbst gekochte Mahlzeiten, viel Salat und Gemüse, aber auch Nudelgerichte und Fleisch, sehr gern auch Fisch. Meine Tochter ernährt sich bereits seit ihrem 16. Lebensjahr vornehmlich vegetarisch.

Das gemeinsame Essen ist für die Familie eine wichtige soziale Interaktion. Meine Tochter kocht gern vegetarische Gerichte, sie wohnt mit ihrem Mann und den beiden Kindern im Landkreis Augsburg. Mein Sohn studiert in München. Auch er kocht gern. Bei einem Auslandssemester in Kalifornien und Praktika in Khao Lak und Barcelona hat er die unterschiedlichsten regionalen Gerichte kennengelernt. Besonders die asiatische Küche hat es ihm hierbei angetan. Gern treffen wir uns alle abwechselnd in Augsburg oder Lindau und kochen gemeinsam. Seit drei Jahren mache ich mit dem Intervallfasten gute Erfahrungen und kann so Fitness und Körpergewicht in Einklang bringen. Am Bodensee gibt es sehr guten Fisch. Insbesondere Felchen, Seeforelle oder Barsch kaufe ich gern frisch vom Fischer und koche damit leckere und gesunde Mahlzeiten. Auch in der Kantine esse ich sehr gern Fisch, am liebsten Lachssteak. Alexander Herrmann wird bei diesem Gericht bestimmt noch für das Tüpfelchen auf dem i sorgen.

Mit Vollgas auf dem Wasser: Gerd demonstriert Alexander Herrmann die Leistungsfähigkeit des Polizeiboots. In diesem Fall ein offenes Streifenboot mit Außenbordmotor, das aufgrund seines geringen Tiefgangs für Flachwassereinsätze, die Überwachung der Häfen und der Uferzonen geeignet ist.

LACHSFILET MIT WEIßWEINSAUCE
UND SALZKARTOFFELN

FÜR 4 PERSONEN

Für das Lachsfilet
4 Lachsfilets
2 EL Butterschmalz
Salz, Pfeffer
1 Spritzer Zitronensaft

Für die Weißweinsauce
4 Frühlingszwiebeln
40 g Butter
2 TL Mehl
200 ml trockener Weißwein
350 ml Gemüsebrühe
200 g Crème fraîche
6 EL fein gehackte Kräuter
Salz, Pfeffer

Für die Salzkartoffeln
1 kg vorwiegend festkochende
Kartoffeln (z. B. Sorte Christa)
Salz
fein gehackte Petersilie zum Servieren
(nach Belieben)

Lachsfilet
1. Die Lachsfilets kalt abbrausen und mit Küchenpapier trocken tupfen. Das Butterschmalz in einer Pfanne erhitzen und die Filets darin von beiden Seiten anbraten. Mit Salz, Pfeffer und Zitronensaft würzen.
2. Die gebratenen Lachsfilets auf vier vorgewärmte Teller legen, mit Alufolie abdecken und bis zum Servieren ruhen lassen.

Weißweinsauce
1. Die Frühlingszwiebeln putzen, waschen und in schmale Ringe schneiden. Die Butter in einem Topf erhitzen und die Frühlingszwiebeln darin hell andünsten. Den Topf vom Herd nehmen, das Mehl über die Frühlingszwiebeln streuen und mit einem Löffel unterrühren. Weißwein und Brühe zugießen, umrühren und den Topf zurück auf den Herd stellen.
2. Alles unter ständigem Rühren einmal aufkochen. Danach die Hitze reduzieren und die Sauce 8–10 Minuten sanft köcheln lassen.
3. Den Topf dann vom Herd nehmen und Crème fraîche und Kräuter in die Sauce rühren. Die Sauce nochmals kurz aufkochen und mit Salz, Pfeffer und nach Belieben noch mit etwas Wein oder Brühe abschmecken.

Salzkartoffeln
Die Kartoffeln schälen, waschen und halbieren. In einem Topf in kochendem Salzwasser etwa 20 Minuten garen. Abgießen und ausdampfen lassen.

Fertigstellen Die Salzkartoffeln in einer Schüssel anrichten und nach Belieben mit Petersilie bestreuen. Die Alufolie abnehmen und die Lachsfilets mit der Weißweinsauce und den Salzkartoffeln servieren.

LACHSTATAR MIT AVOCADO, GURKE UND SESAM

FÜR 2 PERSONEN
Für das Lachstatar
200 g Lachsfilet
½ Salatgurke
1 Avocado
1 Bio-Limette
2 EL Sojasauce
3 EL geröstetes Sesamöl
Salz
1 Prise Zucker
1 EL gerösteter Sesam

Für die Wasabicreme
50 g Crème fraîche
1 TL Wasabipaste
Salz
½ TL Zucker

Lachstatar

1. Das Lachsfilet kalt abbrausen und mit Küchenpapier trocken tupfen. Die Gurke waschen oder schälen, vierteln und die Kerne herausschaben. Die Avocado halbieren, entsteinen und das Fruchtfleisch aus der Schale lösen. Die Limette heiß abwaschen und abtrocknen. Die Schale abreiben und den Saft auspressen.
2. Lachs, Gurke und Avocado in kleine, gleich große Würfel schneiden. Die Würfelchen in eine Schüssel geben. Sojasauce, Sesamöl und die Hälfte von Limettenschale und -saft zufügen. Alles vermischen und das Tatar mit Salz und Zucker abschmecken.

Wasabicreme

Die Crème fraîche mit Wasabipaste, restlicher Limettenschale und -saft verrühren. Die Creme mit Salz und Zucker abschmecken.

Fertigstellen Das Lachstatar auf zwei Tellern anrichten und mit je 1 EL Sesam bestreuen. Mit der Wasabicreme servieren.

HONIGGLASIERTER LACHS AUS DEM OFEN

FÜR 2 PERSONEN
Für Lachs und Gemüse
1 Bio-Zitrone
4 Bio-Orangen
1 Knolle Fenchel
500 g Lachsfilet
Salz

Für die Marinade
100 g Honig
50 ml Olivenöl
Salz, Pfeffer

Lachs und Gemüse

1. Den Backofen auf 150 °C vorheizen. Die Zitrone und 1 Orange heiß abwaschen und abtrocknen. Von beiden Früchten die Schale abreiben, die Zitrone auspressen und den Saft für die Marinade beiseitestellen. Dann alle Orangen dick schälen, dabei auch die weiße Innenhaut mit entfernen. Die Orangen in Viertel schneiden.
2. Den Fenchel waschen, halbieren und den Strunk herausschneiden. Die Hälften in dünne Streifen schneiden. Das Lachsfilet kalt abbrausen und mit Küchenpapier trocken tupfen.
3. Eine Auflaufform mit einem Bogen Backpapier auslegen, Fenchel und Orangenviertel darauf verteilen. Mit der Zitrusschale bestreuen. Das Lachsfilet von beiden Seiten salzen und auf das Gemüse legen.

Marinade

Honig, Olivenöl, Zitronensaft, 1 TL Salz und Pfeffer verrühren. Die Marinade über Lachs und Gemüse träufeln. Das Backpapier wie eine Tüte darüber zusammenfalten und den Lachs im Ofen 30 Minuten garen.

Fertigstellen Den Lachs aus dem Ofen nehmen und in der Form servieren.

GEGRILLTER LACHS MIT ZITRONEN-VINAIGRETTE

FÜR 2 PERSONEN

Für die Zitronen-Vinaigrette

1 Schalotte
2 Zitronen
1 Stück Ingwer (5 g)
2 EL Honig
60 ml Olivenöl
2 EL geröstetes Sesamöl
2 EL Sojasauce
Salz, Pfeffer

Für den Lachs

2 Lachsfilets mit Haut (à 200 g)
Salz
20 ml Olivenöl

Zitronen-Vinaigrette

1. Die Schalotte schälen und in feine Ringe schneiden. Die Ringe in eine Schüssel mit Eiswasser legen, damit sie etwas Schärfe verlieren.

2. 1 Zitrone heiß abwaschen, abtrocken und die Schale abreiben. Dann die weiße Innenhaut dick abschneiden und die Fruchtfilets zwischen den Trennhäutchen herauslösen. Die Zitronenfilets grob hacken. Die zweite Zitrone auspressen. Den Ingwer schälen und fein reiben.

3. Ingwer, Honig, Zitronensaft, Olivenöl, Sesamöl und Sojasauce in einer Schüssel verrühren. Gehackte Zitronenfilets und Schalottenringe unterrühren. Die Vinaigrette mit Salz und Pfeffer abschmecken.

Lachs

1. Die Lachsfilets kalt abbrausen und mit Küchenpapier trocken tupfen. Die Filets auf der Fleischseite salzen, dann mit dem Olivenöl bestreichen.

2. Den Grill oder eine Grillpfanne anheizen. Die Lachsfilets auf dem Rost oder in der Pfanne auf der Hautseite bei mittlerer Hitze 3 Minuten grillen. Vorsichtig wenden und die zweite Seite kurz angrillen. Die Filets dann wieder auf die Hautseite drehen und je nach Dicke in 8–10 Minuten fertig grillen. Dabei den Deckel von Grill oder Grillpfanne schließen.

Fertigstellen Den gegrillten Lachs auf zwei Tellern anrichten und leicht salzen. Warm mit der Zitronen-Vinaigrette servieren.

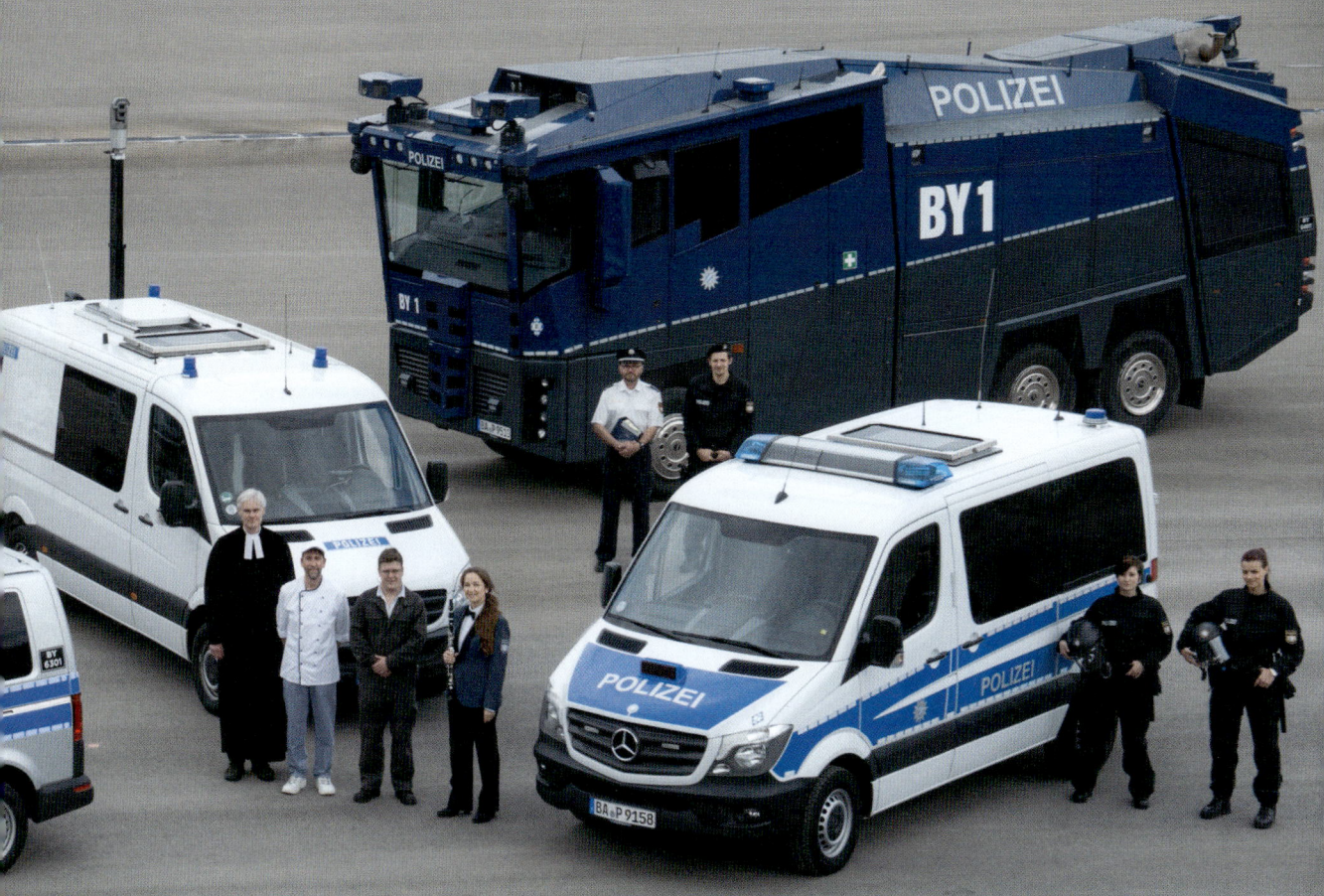

VIELFALT DER BAYERISCHEN POLIZEI

DIE VIELFALT DER BAYERISCHEN POLIZEI

17 unterschiedliche Teilbereiche der Bayerischen Polizei stellen wir Ihnen in diesem Buch vor. Bei der Auswahl hatten wir die Qual der Wahl, denn die Polizei in Bayern ist noch deutlich vielfältiger. Es gäbe noch viel mehr interessante Tätigkeiten, von Polizeitaucherinnen und -tauchern über unsere Ausbilderinnen und Ausbilder bis hin zu noch vielen anderen interessanten Kolleginnen und Kollegen, die wir Ihnen gern vorgestellt hätten, die aber aus Platzgründen nicht mehr in dieses Buch gepasst haben. Auch auf die Gefahr hin, dass am Ende trotzdem ein Bereich vergessen wurde, möchten wir Ihnen hier noch ein paar weitere sehr wichtige Bausteine rund um eine erfolgreiche Polizeiarbeit vorstellen.

MEDIZINISCHE VERSORGUNG

An die 40 Polizeiärztinnen und -ärzte, zahlreiche medizinische Fachangestellte, Rettungssanitäterinnen und -sanitäter, Arzthelferinnen und -helfer und weiteres medizinisches Fachpersonal kümmern sich um die Gesundheit der Kolleginnen und Kollegen. Der erste Kontakt entsteht bereits bei der Einstellung mit der Untersuchung auf Polizeidiensttauglichkeit. In der Ausbildung und in den Einsatzeinheiten der Bayerischen Bereitschaftspolizei sind die Polizeiärzte dann quasi die Hausärzte der jungen Polizistinnen und Polizisten. Darüber hinaus begleiten sie die Einsatzkräfte bei brenzligen Einsätzen und sorgen für eine hochwertige Erste-Hilfe-Ausbildung, damit jeder Polizist im Ernstfall professionelle Hilfe leisten kann.

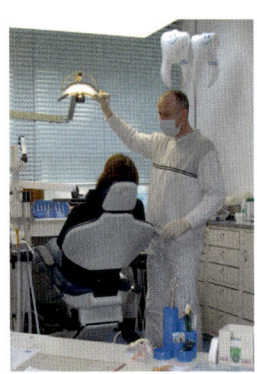

BETREUUNG

Polizistinnen und Polizisten sehen tagtäglich Dinge und erleben Situationen, die sie nicht einfach wegstecken. Unfallopfer, Gewalt, tätliche Angriffe und Beleidigungen gehen oft nicht spurlos an den Menschen in Uniform vorbei. Deshalb gibt es innerhalb der Polizei ein starkes Netzwerk aus Hilfsangeboten. Dazu gehört der Zentrale Psychologische Dienst, der Polizeiliche Soziale Dienst, Polizeiseelsorgerinnen und -seelsorger sowie speziell geschulte Kolleginnen und Kollegen, die sich direkt nach belastenden Einsätzen um die betroffenen Beamtinnen und Beamten kümmern und das Erlebte gemeinsam aufarbeiten.

HANDWERK & TECHNIK

Funktionierende Einsatzmittel, Waffen, Fahrzeuge und natürlich eine ständig wachsende digitale Unterstützung sind unerlässlich für professionelles Arbeiten, genauso wie funktionierende Technik und eine passende Arbeitsumgebung auf den Dienststellen und Liegenschaften. Um dies zu gewährleisten, beschäftigen wir eine große Zahl an tüchtigen Hausmeisterinnen und Hausmeistern, Handwerkerinnen und Handwer-

kern sowie Technikerinnen und Technikern. Unzählige Berufssparten, vom Büchsenmacher über den Maler zum Schreiner, Programmierer und Kfz-Mechatroniker, sorgen dafür, dass die Kolleginnen und Kollegen im Einsatz die bestmöglichen Rahmenbedingungen vorfinden und sich auf ihre Einsatzmittel verlassen können.

INFORMATIONSTECHNOLOGIE

Die Bayerische Polizei bietet in drei spannenden Berufsfeldern IT-Jobs an. Denn eines ist klar: Ohne IT läuft nichts. Auch nicht bei der Bayerischen Polizei. Der Beruf des IT-Kriminalisten vereint die Kompetenzen eines kriminalpolizeilichen Ermittlers mit IT-Knowhow – in der heutigen Zeit eine unverzichtbare Kombination für erfolgreiche Polizeiarbeit. Unsere IT-Forensiker und -Forensikerinnen analysieren digitale Spuren – sie helfen dabei, grundlegende Sachbeweise zu generieren, und vertreten ihre Gutachten vor Gericht. Und damit die IT-Struktur innerhalb der Bayerischen Polizei überhaupt funktioniert, sind drittens unsere IT-Professionals tagtäglich im Einsatz, um die Soft- und Hardware zu betreuen. Sie sorgen dafür, dass die Bodycam beim nächsten Einsatz aufnimmt oder ein Notruf auch angenommen werden kann.

VERWALTUNG

Selbstverständlich muss das alles auch verwaltet werden. Zu nennen wären hier: Personalabteilung, Beschaffung, Vergabewesen und Haushaltsführung, Aktenstellen und viele weitere typische Verwaltungsaufgaben, die erledigt werden müssen und für einen reibungslosen Ablauf unerlässlich sind. Bei weit über 40.000 Polizistinnen

und Polizisten sorgen zahlreiche Verwaltungsbeamtinnen und -beamte sowie Tarifangestellte dabei im Hintergrund dafür, dass der Laden reibungslos läuft.

AKADEMIKERINNEN UND AKADEMIKER

Damit nicht genug, die Bayerische Polizei beschäftigt auch zahlreiche Akademikerinnen und Akademiker aus unterschiedlichsten Sparten. Juristen für rechtliche Fragen erwartet man sicherlich bei der Polizei. Aber auch Biologen, Chemiker, Islamwissenschaftler, Psychologen oder verschiedenste Ingenieurberufe haben wir in unseren Reihen. Die Zeiten, in denen ein Polizist alles selbst gemacht hat, sind lange vorbei, auch bei uns ist die Spezialisierung weit fortgeschritten und ohne Unterstützung aus anderen Fachrichtungen kommt eine moderne Polizei nicht mehr aus. Und das ist auch gut so, denn gerade die unterschiedlichen Denkweisen und Erfahrungen sorgen im Zusammenspiel für Innovation und Fortschritt.

Nur gemeinsam mit all diesen Frauen und Männern kann die Bayerische Polizei erfolgreich arbeiten.

POWER PANTHER SHAKE

Erdbeer

Walter Mannsberger
München

HERRMANN & HERRMANN

DER POWERPANTHERSHAKE FÜR DIE BAYERISCHE BEREITSCHAFTSPOLIZEI

»31 EINSATZZÜGE, RUND UM DIE UHR BAYERNWEIT AN BRENNPUNKTEN IM EINSATZ, SOWIE 28 AUSBILDUNGS-SEMINARE MIT RUND 3.500 AUS-ZUBILDENDEN WOLLEN GESUND ERNÄHRT WER-DEN.«

Innenminister
Joachim Herrmann

Eine anständige Verpflegung ist eine der Grundvoraussetzungen für die Einsatzbereitschaft unserer Polizistinnen und Polizisten, und so ist die Verantwortung der Großküchen der Bereitschaftspolizei (BePo) nicht zu unterschätzen. Rund 1,3 Millionen Essensportionen gehen jährlich über die Theken der BePo-Kantinen. Die in den letzten Jahren stark veränderten Essgewohnheiten der Bevölkerung und speziell die der jungen Polizistinnen und Polizisten fordern dabei auch die Köchinnen und Köche der Bereitschaftspolizei. Die zum Frühstück vor Jahren beliebte Wursttheke weicht immer mehr der Müslivielfalt, dem Käse, dem Quark und dem Obstsalat. Eine gesunde und ausgewogene Ernährung tritt immer mehr in den Vordergrund. Und so ist es auch nicht verwunderlich, dass nach neuen Wegen gesucht wird, die bayerischen Polizisten und Polizistinnen mit schmackhaftem und gesundem Essen zu verpflegen.

Bereits 2018 stellte daher Bayerns Innenminister Joachim Herrmann im Rahmen eines Pressegesprächs eine bundesweit einmalige Kooperation für eine gesunde Einsatzverpflegung vor. Unter Anleitung des Sternekochs Alexander Herrmann bereitete Innenminister Herrmann in der VI. Bereitschaftspolizeiabteilung Dachau einen speziell für Polizistinnen und Polizisten kreierten Powershake zu, der seitdem die Einsatzverpflegung der Bayerischen Bereitschaftspolizei ergänzt. Um unnötigen Verpackungsmüll zu vermeiden, bekamen die Einsatzkräfte außerdem auch noch einen einsatztauglichen Edelstahltrinkbehälter. Der nach dem Wappentier der BePo benannte „PowerPantherShake" wurde von Sternekoch Herrmann gemeinsam mit den Küchenchefinnen und Küchenchefs der BePo entwickelt. Er enthält hochwertiges Molkeeiweiß, Haferflocken, Leinsamen und frisches Obst. „Alles zusammen ergibt eine hochwertige Trinkmahlzeit, die gesund ist, Kraft gibt und schmeckt", so das Fazit des Innenministers nach einer Kostprobe.

„31 Einsatzzüge, rund um die Uhr bayernweit an Brennpunkten im Einsatz, sowie 28 Ausbildungsseminare mit rund 3.500 Auszubildenden wollen gesund ernährt werden", ergänzte Innenminister Joachim Herrmann und bedankte sich während des Pressegesprächs bei Alexander Herrmann für die professionelle Unterstützung. Begeistert blickte auch der Sternekoch auf die Entstehungsgeschichte des Powershakes zurück und erinnerte sich an das erste Treffen mit

Unter Anleitung von Alexander Herrmann mixten Innenminister Joachim Herrmann, der damalige Polizeipräsident Wolfgang Sommer und Küchenchef Fred Herrmann einen PowerPantherShake in der Geschmacksrichtung „Mango".

Frische Zutaten, hochwertiges Molkeeiweiß, Haferflocken, Leinsamen und frisches Obst: Fertig ist der PowerPantherShake der Bayerischen Bereitschaftspolizei.

In den neuen Edelstahlflaschen überreichen die Ehrengäste anschließend den fertigen Shake an Polizistinnen und Polizisten aus den verschiedensten Einsatzbereichen.

den Küchenchefinnen und -chefs, den Köchinnen und Köchen der BePo. „Es war schon ein spannendes erstes Zusammentreffen mit meinen Kolleginnen und Kollegen, die sich sehr schnell als kompetentes Gremium und zielstrebiges Team zeigten", resümierte Alexander Herrmann. Besonders beeindruckt war er schon damals von der großen, angenehmen „Familie" Polizei, vom Zusammenhalt, von der Menschlichkeit und vom offenen Umgang.

In den neuen Edelstahlflaschen überreichten die Ehrengäste anschließend den fertigen Shake an ausgewählte Polizistinnen und Polizisten aus den verschiedensten Einsatzbereichen und an alle anwesenden Gäste sowie die zahlreichen Journalisten.

Grundlegende Initiatoren und enge Begleiter der Kooperation mit dem Sterne-koch Alexander Herrmann waren der damalige BePo-Präsident Wolfgang Sommer (im Bild links) und sein Pressechef Herbert Gröschel (rechts) bereits im Jahr 2017.

Mit dem PowerPantherShake sollte die Kooperation aber nicht be-endet sein. In der Folge trafen sich Sternekoch und Chefköchinnen sowie Chefköche der BePo zu mehreren Teambesprechungen und zum Erfahrungsaustausch. Dabei entstand die Idee für das „Polizei-kochbuch", das Sie nun in Händen halten und das die Zusammen-arbeit zwischen Polizei und Alexander Herrmann erfolgreich fort-führt.

PP Sommer und Sternekoch Alexander Herrmann mit den Küchenchefinnen und -chefs der Bayerischen Bereitschafts-polizei.

POWERPANTHERSHAKE

2 EL Milcheiweißpulver (20 g,
nach Belieben vegan)
1 EL geschroteter Leinsamen
2–3 EL Haferflocken
400 ml Milch (1,5 % Fett)
1 EL Leinsamenöl (oder MCT-Öl)
1 Msp. gemahlener Zimt
1 Stück Apfel (geschält und entkernt)
2 EL Mandelblättchen
Honig (oder Ahornsirup,
nach Belieben)
Kakaopulver (nach Belieben)

Shake
Alle Zutaten in einen Mixer füllen und bis zur gewünschten Konsistenz
pürieren. (Alternativ alles in einem Rührbecher mit einem Pürierstab mixen.)

Fertigstellen Den Shake in ein Glas gießen und servieren.

Variante Anhand des Grundrezepts lässt sich nach Belieben mit anderen
Früchten der persönliche Lieblingsshake kreieren.

Dieser freundliche Herr
ist der Chefkoch der
III. Bereitschaftspolizei-
abteilung in Würzburg,
Karl Peter Glaser, bei
der Zubereitung seines
PowerPantherShakes
„Brombeere".

WELCHER DARF ES SEIN? DIE AUSWAHL IST VIELFÄLTIG, UND ES IST FÜR JEDEN GESCHMACK ETWAS DABEI.

Himbeere

Kiwi-Limetten

Erdbeer

Maracuja/Kokos

Heidelbeere

Kräuter

POWER-PANTHER-MÜSLI

FÜR 4 PORTIONEN

200 ml Buttermilch
40 g Milcheiweißpulver
600 g Joghurt
40 g geschroteter Leinsamen
80 g Haferflocken
1 Prise gemahlene Vanille
Honig (oder Ahornsirup) zum Süßen

Müsli
Buttermilch und Milcheiweißpulver in einer Schüssel klümpchenfrei verrühren. Joghurt, Leinsamen, Haferflocken und Vanille unterrühren.
Die Mischung nach Geschmack mit Honig süßen und mindestens 1 Stunde quellen lassen.

Fertigstellen Das Müsli in vier Schalen anrichten und servieren.

Variante Mit verschiedenen Toppings lässt sich das Müsli immer wieder neu variieren. Dafür vor dem Servieren nach dem persönlichen Geschmack gehackte Nüsse, geschnittene Früchte oder gehackte Schokolade auf das Müsli geben.

POWER-PANTHER-RIEGEL

TIPP
Aufbewahrt werden die Riegel am besten im Kühlschrank (z. B. verpackt in einer Tupperdose o. Ä.). Gekühlt sind sie mindestens 4 Wochen haltbar.

FÜR 4 RIEGEL

50 g getrocknete Datteln (entsteint)
50 g Rosinen (gehackt)
25 g Butter
50 g Honig
30 ml Orangensaft
15 g Milcheiweißpulver
100 g Haferflocken
30 g Kokosflocken
20 g geschroteter Leinsamen

Außerdem
Silikonform für Riegel
(oder eine andere Form)

Riegel
1. Datteln und Rosinen hacken. Butter, Honig und Orangensaft in einem Topf erwärmen. Das Milcheiweißpulver einrühren. Dann Haferflocken, gehackte Trockenfrüchte, Kokosflocken und Leinsamen zugeben und alles gut verkneten.
2. Die Masse gleichmäßig in die Form füllen. (Alternativ aus der Masse Kugeln formen.) Die Riegel 1 Tag kühlen, danach aus der Form lösen und servieren.

Variante Kakao- oder Kaffeepulver, Zitronenschale, gemahlener Kardamom, Vanille oder Zimt geben den Riegeln noch mehr Aroma. Auch Nüsse oder Pistazien dürfen mit in die Masse. Und wer andere Trockenfrüchte verwenden möchte, tauscht sie gegen Aprikosen, Cranberrys oder Mango.

Kollege Simon Faulhaber (links) und Kollege Valentin Gaßmair haben zu der Entwicklung der Riegel einen sehr großen Teil beigetragen! Hergestellt wurden die Riegel auf dem Bild in der Küche der Bereitschaftspolizei Königsbrunn.

TIPP

Der Riegel schmeckt am besten bei Zimmertemperatur. Hier in den Geschmacksrichtungen Schoko-Kokos, Mango-Aprikose, Cranberry-Pistazie und Banane-Crispy.

DIE KÖCHINNEN UND KÖCHE DER BEREITSCHAFTS-POLIZEI

Von links: Timm Kretschmer, Fred Herrmann, Martin Einwag, Verena Stöckl, Markus Stöckl, Polizeipräsident der Bayerischen Bereitschaftspolizei Udo Skrzypczak, Alexander Herrmann, Jonathan Herzog, Sandra Ostarek, Thomas Kusikowski, Bernd Dudek, Karl Peter Glaser
Nicht auf dem Foto: Patrick Gaß, Jasper Giebe, Norbert Jall, Doris Jonscher, Martin Luger, Christian Moßburger, Marcus Püttner (siehe Seite 245)

SPITZENSPORT

/ BAYERISCHE BEREITSCHAFTSPOLIZEI

SPITZENSPORT

WER WIR SIND

Im Rahmen der Spitzensportförderung bei der Bayerischen Polizei werden olympische Einzelsportarten im Bereich Winter- und Sommersport gefördert. Derzeit gibt es eine Zusammenarbeit mit insgesamt 17 Sportverbänden und eine Förderung von rund 40 Einzeldisziplinen.

Wintersportler werden im Fortbildungsinstitut der Bayerischen Polizei in Ainring im Berchtesgadener Land zu Polizistinnen und Polizisten ausgebildet. Für die Ausbildung der Sommersportler ist die VI. Bereitschaftspolizeiabteilung in Dachau zuständig.

Die Ausbildung wird aufgrund der sportlichen Erfordernisse zeitlich gestreckt. Für konkurrenzfähige Spitzensportler auf internationalem Niveau braucht es tägliches Training und vollen Fokus. Die Ausbildungsdauer beträgt sowohl im Sommer- als auch im Wintersport fünf Jahre. Pro Jahr gibt es jeweils eine viermonatige Präsenzphase, hier werden die Spitzensportlerinnen und -sportler am jeweiligen Ausbildungsstandort täglich polizeilich unterrichtet. Daran schließt sich die achtmonatige Wettkampfphase an, in der die Athletinnen und Athleten vollumfänglich für Trainings- und Wettkampfmaßnahmen freigestellt werden. Pro Jahr erfolgt die Einstellung von zwei neuen Klassen (einmal Winter- und einmal Sommersport).

Nach erfolgreichem Abschluss der Ausbildung sind die Absolventen vollwertige Polizistinnen und Polizisten.

WAS WIR MACHEN

Beim Spitzensport steht der Sport klar im Fokus. Nach erfolgreicher Beendigung der Ausbildung wechseln die Sportlerinnen und Sportler in die sogenannte Sporttrainingsgruppe. Dort sind sie elf Monate freigestellt und können sich vollkommen auf den Sport konzentrieren, um sich auf die nationalen sowie internationalen Meisterschaften vorzubereiten.

»FÜR KONKURRENZFÄHIGE SPITZENSPORTLER AUF INTERNATIONALEM NIVEAU BRAUCHT ES TÄGLICHES TRAINING UND VOLLEN FOKUS.«

In der restlichen Zeit arbeiten sie für einen Monat auf einer Dienststelle im Schichtdienst. Das dient dazu, dass die Sportlerinnen und Sportler nicht den Kontakt zur Polizeiarbeit verlieren. Zudem ist es eine schöne Abwechslung, die auch Spaß macht.

Seit Bestehen der Spitzensportförderung im Jahr 2012 konnten herausragende sportliche Erfolge erzielt werden. Beispielhaft sind hier vier olympische Medaillen, vier Gesamtweltcup-Siege und viele weitere Weltmeister- und Europameistertitel sowie Weltcup-Einzelsiege zu nennen.

WAS WIR BRAUCHEN

Neben dem klassischen Einstellungstest für den mittleren Dienst brauchen die Kandidaten und Kandidatinnen für die Spitzensportförderung ebenfalls den Bundeskaderstatus in einer olympischen Sportart. Jeder Sportverband hat Kaderrichtlinien, welche durch die entsprechenden Leistungen erreicht werden können. Zudem erfordert der Profisport viel Fleiß und Disziplin.

Patrick erklärt, warum er sich als Spitzensportler für den Polizeiberuf entschieden hat.

PATRICK FÜR DEN
SPITZENSPORT
VI. BPA DACHAU

WARUM BIST DU ZUR POLIZEI?

Der Polizeiberuf ist seit meiner Kindheit ein großes Thema für mich gewesen, da mein Vater ebenfalls Polizist ist. Zudem ist es heutzutage schwierig, Profisport und Beruf unter einen Hut zu bringen und in beidem erfolgreich zu sein.

Hier kam die Polizei wie gerufen, ein Arbeitgeber, der meine sportliche Karriere in vollem Umfang unterstützen kann und eine Perspektive für die Zeit nach meiner sportlichen Laufbahn bietet.

WAS GENAU MACHST DU BEI DER POLIZEI?

Ich bin Mittelstreckenläufer und somit in der Leichtathletik zu Hause. Meine Spezialdisziplin ist der 3000-Meter-Hindernislauf. Der Hindernislauf ist eine olympische Disziplin. Nicht zu verwechseln mit dem Hürdenlauf. Hindernisse sind massive hölzerne Balken, die im Gegensatz zu Hürden bei Kontakt nicht umfallen. Auf den 7,5 Runden habe ich nicht nur 35 Hindernisse, sondern auch 6-mal den Wassergraben zu überwinden.

Hier konnte ich bereits zahlreiche nationale sowie internationale Medaillen gewinnen. Meine Bestzeit über diese Distanz ist 8:30,63 min.

WAS MACHT DIR DARAN SPASS?

Der Laufsport ist meine absolute Leidenschaft, schon in meiner Kindheit bin ich viel gelaufen. Als ich älter wurde, kamen die ersten regionalen und überregionalen Erfolge dazu, weshalb es mir leichtfiel, meine damals weniger erfolgreiche Fußballkarriere an den Nagel zu hängen.

Darüber hinaus kann ich den Profisport nur eine begrenzte Zeit auf hohem Niveau

ausüben. Die Sicherheit, nach meiner sportlichen Karriere einen Beruf zu haben, der mir Spaß macht, gibt mir die nötige Gelassenheit, um mich noch gezielter dem Sport zu widmen.

WIE SIEHT EIN TYPISCHER TAG BEI DIR AUS?

Mein Alltag wird klar vom Sport bestimmt. Bei zehn bis zwölf Trainingseinheiten pro Woche sind ein bis zwei Einheiten pro Tag normal.

Vormittags heißt es meist Schuhe schnüren für einen Dauerlauf. Hier stehen zwischen 10 und 20 Kilometer auf dem Plan. Dreimal pro Woche mache ich ein Tempotraining. Nachmittags wird dann entweder noch mal gelaufen oder es geht alternativ aufs Rennrad. Auch Technik- und Krafttraining gehören zu meinen Trainingsinhalten.

Zwischen den Trainingseinheiten wird gegessen und regeneriert, um für die nächste Einheit wieder ausgeruht zu sein.

Auch in Uniform ist mir kein Hindernis zu hoch und kein Weg zu weit. In meiner Spezialdisziplin, dem 3000-m-Hindernislauf, habe ich 35 dieser 91,5 cm hohen Hindernisbalken zu überwinden, ehe ich mein Ziel erreiche. Vor mir wegzulaufen ist nahezu aussichtslos.

„IN DER BAYERISCHEN POLIZEI-FAMILIE FÜHLE ICH MICH SEHR GUT AUFGEHOBEN UND SCHAUE BERUHIGT MEINER SPORTLICHEN UND BERUFLICHEN ZUKUNFT ENTGEGEN!"

GIBT ES EINE SPEZIELLE ANEKDOTE AUS DEINER DIENSTZEIT?

Wie es der Zufall will, habe ich in meinem Praktikum einen flüchtenden Räuber nach kurzer Verfolgung zu Fuß auf frischer Tat festnehmen können. Das kam bei den Kollegen und Chefs natürlich sehr gut an.

KANNST DU UNS VON EINEM BESONDEREN (EMOTIONALEN, LUSTIGEN, AUSSERGEWÖHNLICHEN) EREIGNIS AUS DEINER KARRIERE BERICHTEN?

Außergewöhnlich trifft es für die folgende Geschichte wohl am ehesten. Ich habe siegessicher bei einer deutschen Meisterschaft im Hindernislauf kurz vor dem Ziel die Arme hochgerissen und gejubelt. Dies hatte zur Folge, dass sich ein Konkurrent an mir vorbeigeworfen hat und ich somit den Sieg verschenkt habe. Das war eine Lektion fürs Leben, und so etwas wird mir nie wieder passieren.

WAS ISST DU SO IM DIENST?

Für mich als Ausdauersportler ist eine gesunde Ernährung der Grundstein für einen leistungsfähigen Körper. Aus diesem Grund esse ich ausgewogen und gesund. Ich versuche, weitestgehend auf Zucker zu verzichten. Auch meinen Fleischkonsum habe ich mittlerweile minimiert, da ich gemerkt habe, dass ich auch ohne Fleisch sehr gut zurechtkomme. Alkohol trinke ich, wenn überhaupt, nur in der Saisonpause.

Für einige klingt das sicher nach viel Verzicht, jedoch weiß ich, dass dieser Verzicht meinem Körper guttut und ich dadurch leistungsfähiger bin. Wenn dann der sportliche Erfolg stimmt, weiß ich, für was ich es gemacht habe.

Im Schichtdienst während meines Praktikums habe ich mir meist etwas vorgekocht, um nicht auf die spontanen Essensmöglichkeiten ausweichen zu müssen.

ALEXANDER HERRMANN KOCHT FÜR DICH – WAS GIBT ES?

Hähnchenbrust in den verschiedensten Variationen und dazu natürlich vitaminreiche Beilagen.

SCHARFES THAI-CURRY MIT GEMÜSE

UND GEBRATENEN HÄHNCHENBRUSTSTREIFEN

FÜR 4 PERSONEN

Für die Hähnchenbruststreifen

500 g Hähnchenbrustfilet
50 g Vollkorn-Dinkelmehl
Rapsöl zum Braten

Für das Thai-Curry

100 g gelbe Paprikaschote
100 g rote Paprikaschote
100 g grüne Paprikaschote
100 g Zucchini
100 g Lauch
½ Bund Frühlingszwiebeln
100 g Sojasprossen
100 g rote Zwiebeln
4 Stängel Minze (5 g)
125 ml Geflügelfond
250 ml Kokosmilch
10 g Madras-Currypulver
5 g gemahlener Ingwer
5 g gemahlener Kreuzkümmel
10 g Knoblauchgranulat
10 g Zitronenpfeffer
5 g bunter Pfeffer aus der Mühle
25 g Meersalz
10 g edelsüßes Paprikapulver
5 g gemahlener Koriander
5 g gemahlene Kurkuma
5 g Cayennepfeffer
250 g Sahne

Hähnchenbruststreifen

1. Das Hähnchenbrustfilet mit Küchenpapier trocken tupfen und in gleich große Streifen schneiden. Das Mehl auf einen Teller geben und die Streifen darin wenden.

2. Etwas Rapsöl in einem Wok oder einer Pfanne erhitzen und die Filetstreifen darin rundum braun anbraten. Auf einem Teller beiseitestellen.

Für das Thai-Curry

1. Paprika, Zucchini, Lauch und Frühlingszwiebeln waschen, putzen und in gleich große Stücke schneiden. Dabei die Stücke nicht größer als die Hähnchenbruststreifen schneiden. Die Sojasprossen in einem Sieb abspülen und abtropfen lassen. Die Zwiebeln schälen und in Streifen schneiden. Die Minze waschen, trocken schütteln und die Blätter abzupfen.

2. Die Zwiebeln im verbliebenen Bratfett goldgelb anbraten. Dann geschnittenes Gemüse und Sojasprossen zugeben und mit anschwitzen. Den Fond zugießen und das Gemüse 3–5 Minuten leicht köcheln lassen.

3. Danach die Kokosmilch zugießen. Gewürze (bis auf den Cayennepfeffer) und Minze zufügen und das Gemüse noch 3–5 Minuten weiterköcheln lassen. Das Curry mit Cayennepfeffer je nach gewünschter Schärfe würzen und diesen kurz mitköcheln lassen.

4. Zuletzt die Hälfte der Sahne einrühren. Ist das Curry zu dickflüssig, die restliche Sahne einrühren, bis die gewünschte Konsistenz erreicht ist. Die gebratenen Hähnchenbruststreifen unterheben und das Curry nochmals abschmecken.

Fertigstellen Das Thai-Curry in vier Schalen anrichten. Mit Reis oder Reisnudeln servieren.

HÄHNCHENBRUSTSTREIFEN MIT ZITRONEN-PAPRIKA-RAHMSAUCE

FÜR 2 PERSONEN

Für die Hähnchenbruststreifen

300 g Hähnchenbrustfilet
2 EL Öl
Salz, Pfeffer

Für die Zitronen-Paprika-Rahmsauce

1 rote Paprikaschote
1 Zwiebel
1 EL Öl
1 EL Mehl
1 TL edelsüßes Paprikapulver
½ TL rosenscharfes Paprikapulver
150 ml Geflügelfond
100 g Sahne
1 EL Sojasauce
abgeriebene Schale und Saft von
1 Bio-Zitrone

Hähnchenbruststreifen

Das Hähnchenbrustfilet trocken tupfen und in Streifen schneiden. Das Öl in einer großen Pfanne erhitzen und die Hähnchenstreifen darin rundum scharf anbraten. Herausnehmen, mit Salz und Pfeffer würzen und beiseitestellen.

Zitronen-Paprika-Rahmsauce

1. Die Paprika waschen, halbieren, weiße Trennwände und Kerne entfernen. Die Hälften dann in Streifen schneiden. Die Zwiebel schälen und würfeln.
3. Das Öl in der Pfanne erhitzen. Paprikastreifen und Zwiebelwürfel darin 2 Minuten anbraten. Mehl und beide Paprikapulver zugeben und anschwitzen. Mit dem Geflügelfond ablöschen, die Sahne zugießen und die Sauce unter Rühren sämig einkochen lassen.
4. Gebratene Hähnchenstreifen, Sojasauce, Zitronenschale und -saft in die Sauce rühren. Nochmals aufkochen und mit Salz und Pfeffer abschmecken.

Fertigstellen Die Zitronen-Paprika-Rahmsauce mit den Hähnchenbruststreifen auf zwei Tellern anrichten und servieren.

GEFÜLLTE HÄHNCHENBRUST MIT TOMATE UND MOZZARELLA

FÜR 2 PERSONEN

Für die Füllung

30 g getrocknete Tomaten in Öl
1 Tomate
50 g Mozzarella
6 Blätter Basilikum

Für die Hähnchenbrust

2 Hähnchenbrustfilets
Salz, Pfeffer
1 Knoblauchzehe
30 ml Aceto balsamico
2 EL Rohrzucker
3 EL Olivenöl

Außerdem

4 Zahnstocher

Füllung

Getrocknete Tomaten in einem Sieb abtropfen lassen, dabei das Öl auffangen. Dann in Streifen schneiden. Die Tomate waschen und mit dem Mozzarella in Scheiben schneiden. Das Basilikum waschen und trocken tupfen.

Hähnchenbrust

1. Den Backofen auf 180 °C vorheizen. Die Hähnchenbrustfilets trocken tupfen und in jedes Filet seitlich eine Tasche schneiden. Die Filets außen und innen salzen und pfeffern, dann innen mit dem Tomatenöl bestreichen.
2. Die Taschen mit getrockneten Tomaten, Tomatenscheiben, Mozzarella und Basilikum füllen. Mit je 2 Zahnstochern verschließen.
3. Den Knoblauch schälen und fein hacken. Mit Essig, Zucker und 50 ml Wasser zu einer Sauce verrühren.
4. Das Olivenöl in einer ofenfesten Pfanne erhitzen und die Taschen darin von jeder Seite 2 Minuten anbraten. Die Sauce zugießen, kurz einkochen lassen und im Ofen in 10–15 Minuten fertig garen.

Fertigstellen Die gefüllte Hähnchenbrust aus dem Ofen nehmen, auf zwei Tellern anrichten und servieren.

THAI-CURRY-PICCATA

FÜR 2 PERSONEN
2 Hähnchenbrustfilets
2 Eier
1 TL rote Currypaste
Salz
2 EL Mehl
30 ml Öl

Außerdem
3 Stängel Thai-Basilikum
1 Limette

Thai-Curry-Piccata

1. Das Hähnchenbrustfilet mit Küchenpapier trocken tupfen. Dann jedes Filet in zwei Schnitzel schneiden.
2. Die Eier mit Currypaste und 1 Prise Salz in einer Schüssel verquirlen. Das Mehl auf einen Teller geben.
3. Das Öl in einer Pfanne erhitzen. Die Hähnchenschnitzel zuerst im Mehl, dann in der Eiermasse wenden und sofort in die Pfanne legen. Die Schnitzel von jeder Seite etwa 4 Minuten braten.

Fertigstellen Das Thai-Basilikum waschen, trocken schütteln und die Blätter abzupfen. Die Limette in Spalten schneiden. Das Piccata mit Basilikum und Limettenspalten auf zwei Tellern anrichten und servieren. Dazu passt das Thai-Curry (S. 148) und Reis.

SCHUTZPOLIZEI

/EINSATZZENTRALE
/PP NIEDERBAYERN

EINSATZZENTRALE

ANFORDERUNGEN:

- Stressresistenz
- Kommunikationsfähigkeit
- Gute Organisations-
  fähigkeit
- Schnelle Auffassungsgabe
- Fremdsprachenkenntnisse

GRUNDSÄTZE:

- Erreichbarkeit
- Teamwork
- Kompetente Aufgaben-
  wahrnehmung
- Ansprechpartner in
  Notfällen
- Zentrale Leit- und
  Servicestelle

WER WIR SIND

Wer in Notfällen die Notrufnummer 110 wählt, hat wenige Augenblicke später den direkten Draht zu uns. Als Angehörige der zehn polizeilichen Einsatzzentralen in Bayern nehmen wir jährlich circa 1,5 Millionen Notrufe entgegen, also etwa alle 21 Sekunden einen. Bayernweit arbeiten in den Einsatzzentralen der jeweiligen Polizeipräsidien circa 750 Frauen und Männer. Wir gewährleisten für alle Bürgerinnen und Bürger an hochmodernen Arbeitsplätzen mit neuster Hard- und Software im Schichtdienst eine Erreichbarkeit rund um die Uhr.

WAS WIR MACHEN

Wir nehmen nicht nur Notrufe entgegen. Jährlich koordinieren wir etwa 1,8 Millionen Polizeieinsätze und disponieren die unterschiedlichsten polizeilichen Einsatzkräfte. Wir sind zwar nicht vor Ort, dennoch unterstützen wir unsere Kolleginnen und Kollegen draußen auf der Straße bei sämtlichen Fragen und Anliegen und verständigen als zentrale Stelle beispielsweise Abschleppunternehmen, Notdienste, Sachverständige, Verantwortliche verschiedenster Einrichtungen und so weiter. Außerdem stehen wir in enger Verbindung zu den Integrierten Leitstellen der Rettungsdienste und Feuerwehren, wodurch wir eine allumfassende, kompetente und schnellstmögliche Hilfeleistung für sämtliche Notfälle garantieren können.

WAS WIR BRAUCHEN

Wer bei unserem Job an eintönige Büroarbeit denkt, liegt grundlegend falsch. Besonders bei brisanten Einsatzsituationen ist es unabdingbar, dass wir einen kühlen Kopf bewahren. Wie die Zahnrädchen in einem Uhrwerk greifen die Tätigkeiten jedes Einzelnen von uns ineinander und tragen so zu einem erfolgreichen Gelingen verschiedenster Einsätze bei. Wir sind ein eingespieltes Team und arbeiten mit den Einsatzkräften an den unterschiedlichsten Örtlichkeiten Hand in Hand. Hohe Stressresistenz, gute Organisations- und überdurchschnittliche Kommunikationsfähigkeiten sind unsere Kernkompetenzen. Diese müssen wir in einer mehrwöchigen Ausbildung, im Rahmen von Fortbildungen und jederzeit im Arbeitsalltag unter Beweis stellen.

Wenn es draußen hektisch wird, Funksprüche und Notrufe sich überschlagen, die Kollegen vor Ort mit der Abwicklung eines komplexen Einsatzgeschehens beschäftigt sind, dann muss in der Einsatzzentrale trotz allem die Ruhe und der Überblick bewahrt werden.

ALEXANDER FÜR DIE
EINSATZZENTRALE STRAUBING

WARUM BIST DU ZUR POLIZEI?

Ich arbeite gern im Team und mag Herausforderungen. Zudem habe ich schon immer gern anderen geholfen. Was mir auch gefällt, sind die vielen unterschiedlichen Möglichkeiten, die der Polizeiberuf bietet, es wird nie langweilig und man erlebt viel Positives. Es waren und sind die vielen Kontakte mit den Bürgern, die mir gefallen. Eine kurze Anekdote hierzu:

In der Grundschule mussten wir zum Thema „Was willst du mal werden" ein Bild malen. Dieses habe ich später in einer Sammelmappe meiner Eltern gefunden, und dann dachte ich: „Alles richtig gemacht." Ich hatte einen Polizisten gemalt.

WAS GENAU MACHST DU BEI DER POLIZEI?

Ich bin in der Einsatzzentrale als Leiter einer Dienstgruppe im Schichtdienst tätig. Wir nehmen im Team Notrufe entgegen und geben diese an unsere Kollegen im Streifendienst weiter. Wir unterstützen unsere Kollegen an den Einsatzörtlichkeiten, um ihnen bestmöglich bei der Erledigung der Einsätze zu helfen. Bei größeren Einsätzen stehen wir dann auch in der Verantwortung, diese zu koordinieren. Dies reicht von der Kräftezuführung über rechtliche Einschätzungen bis hin zu sämtlichen Verständigungen.

WAS MACHT DIR DARAN SPASS?

Hier in der Einsatzzentrale arbeite ich in einer Gruppe mit den verschiedensten Charakteren zusammen. Man erlebt viele verschiedene Situationen, die man gemeinsam meistert. Wie so oft ist es auch bei uns so, dass man viel mehr erreichen kann, wenn man zusammenarbeitet.

Mich freut es, Menschen durch meinen Beitrag aus der einen oder anderen schwierigen Situation helfen zu können.

STECKBRIEF

NAME: Alexander

ALTER: 48 Jahre

EINHEIT: Einsatzzentrale Straubing

TÄTIGKEIT: Leiter der Einsatzzentrale

WIE SIEHT EIN TYPISCHER TAG BEI DIR AUS?

Zu Beginn eines Schichtzyklus komme ich zum Dienst und bereite das sogenannte „Briefing" vor. Hierbei lese ich mich in die Einsätze der vergangenen Tage ein und filtere diejenigen heraus, die durch uns noch weiterbearbeitet werden müssen. Und auch vergangene Einsatzsituationen werden aufbereitet. Ebenso besprechen wir in der Dienstgruppe wichtige Neuerungen und Informationen für den Polizeialltag, wodurch wir uns gemeinsam auf den neuesten Stand bringen. Außerdem thematisieren wir geplante Einsätze, um geeignet darauf reagieren zu können.

Im Dienst begleite ich jeden Einsatz und schaue, ob wir die Kollegen vor Ort zusätzlich unterstützen können.

GIBT ES EINE SPEZIELLE ANEKDOTE AUS DEINER DIENSTZEIT?

Ich bin schon seit meiner Kindheit Eishockeyfan, besonders die Straubing Tigers haben es mir angetan. In der Saison 2006/2007 spielten die Tigers ihre erste Saison in der DEL, der höchsten deutschen Eishockeyliga. In ihrem ersten Heimspiel am 8. September 2006 war der ERC Ingolstadt zu Gast. Ich war bei diesem Spiel eingesetzt und durfte miterleben, wie kurz vor dem Ende die Tigers einen Penalty verwandelten und ihr erstes Spiel 2:1 gewannen. So eine Stimmung hatte ich noch nie zuvor erlebt. Eigentlich soll man als Polizist ja neutral sein, aber na ja, auch wir als Kollegen lagen uns kurz in den Armen.

Auf den ersten Blick mag Alexanders Arbeitsplatz mit den vielen Bildschirmen und geöffneten Fenstern unübersichtlich wirken. Aber so hat er alle Informationen, die er für eine permanente Lageeinschätzung braucht, immer im Blick.

> **»NIEMAND VON UNS KANN SO VIEL BEWIRKEN WIE WIR ALLE MITEINANDER!«**
>
> Elie Wiesel

KANNST DU UNS VON EINEM BESONDEREN (EMOTIONALEN, LUSTIGEN, AUSSERGEWÖHNLICHEN) EREIGNIS AUS DEINER KARRIERE BERICHTEN?

Emotionale Ereignisse ergeben sich eigentlich immer, wenn Kinder beteiligt sind – im positiven wie auch im negativen Sinn.

Am meisten in Erinnerung geblieben ist mir jedoch eine Begebenheit auf der Wiesn in München nach den Anschlägen auf das World Trade Center. In meiner Gruppe wurden wir von zwei amerikanischen Kollegen begleitet. Als wir beim Streifengang in ein Bierzelt gingen, wurden wir beziehungsweise die amerikanischen Kollegen von immer mehr Bierzeltbesuchern mit Standing Ovations beklatscht. Ich habe gemerkt, wie sehr die beiden diese Geste berührt hat und wie wichtig dies für sie war.

WAS ISST DU SO IM DIENST?

Manchmal bestelle ich mir etwas von einem Lieferservice: italienisch, chinesisch oder anderes. Meistens bringe ich aber etwas von zu Hause mit. Zur Nachtschicht achte ich auf eine „leichte" Mahlzeit wie zum Beispiel Salat mit Pilzen oder Milchreis. Es kommt aber auch vor, dass ich die klassischen Spaghetti Bolognese mitbringe und mir warm mache.

ALEXANDER HERRMANN KOCHT FÜR DICH – WAS GIBT ES?

Lasagne. Ich esse einfach gern Nudeln in allen Formen und Variationen. Insbesondere wenn diese Nudeln mit Fisch, Fleisch oder Gemüse verfeinert werden. Die Lachslasagne zählt dabei zu meinen Favoriten.

»Wenn draußen Ruhe einkehrt, etwa spät in der Nacht oder an Feiertagen und insbesondere zur Weihnachtszeit, dann spiegelt sich das auch sofort bei uns wider. Wenn unsere Telefone stillstehen und kein Mucks am Funk zu hören ist, dann wissen wir, dass Niederbayern zur Ruhe kommt – ein schönes Gefühl, das aber meistens leider nur von kurzer Dauer ist.«

LASAGNE
AL FORNO

FÜR 4 PERSONEN

Für den Nudelteig

250 g Mehl
Salz
250 g Grieß
5 Eier (Gr. M)
1 EL Olivenöl
1 Prise frisch geriebene Muskatnuss

Für die Hackfleischsauce

2 Zwiebeln
1 Knoblauchzehe
2 Karotten
200 g Knollensellerie
250 g Champignons
3 EL Olivenöl
500 g Rinderhackfleisch
2 EL Tomatenmark
50 ml Rotwein
1 kg stückige Tomaten (aus der Dose)
Salz, Pfeffer
1 Prise Zucker
3 Lorbeerblätter

Für die Béchamelsauce

100 g Butter
100 g Mehl
1 l Milch
1 kg Sahne
Salz, Pfeffer

Außerdem

Nudelmaschine
große Auflaufform
600 g geriebener Käse

Nudelteig

1. Das Mehl auf der Arbeitsfläche mit 1 Prise Salz vermischen und eine Mulde in die Mitte drücken. Den Grieß rund um das Mehl verteilen.
2. Eier und Öl in die Mulde geben und die Muskatnuss auf den Rand streuen. Dann alles vermischen und nach und nach zu einem krümeligen Teig verkneten. Diesen weiterkneten, bis ein elastischer Teig entsteht. Den Teig zu einer Kugel formen und 1 Stunde kühlen.
3. Den Teig danach portionsweise mit der Nudelmaschine ausrollen und in Platten schneiden.

Hackfleischsauce

1. Zwiebeln, Knoblauch, Karotten und Sellerie schälen und in kleine Würfel schneiden. Die Champignons bei Bedarf mit einem Tuch abreiben, putzen und in Scheiben schneiden.
2. Das Olivenöl in einem Topf erhitzen und die Gemüsewürfel darin glasig andünsten. Das Gemüse in eine Schüssel geben. Dann die Champignons anbraten und in eine zweite Schüssel geben.
3. Das Hackfleisch im Bratfett anbraten. Das Tomatenmark zugeben und kurz mitrösten. Mit dem Rotwein ablöschen. Gebratenes Gemüse und Tomaten zufügen und mit Salz, Pfeffer und Zucker würzen. Champignons und Lorbeerblätter einrühren und die Sauce 1 Stunde köcheln lassen.
4. Danach die Lorbeerblätter entfernen und die Sauce mit Salz, Pfeffer und Zucker abschmecken.

Béchamelsauce

Die Butter in einem Topf erhitzen. Das Mehl zugeben und mit einem Schneebesen mit der geschmolzenen Butter verrühren. Milch und Sahne zugießen, mit Salz und Pfeffer würzen und die Sauce unter ständigem Rühren aufkochen lassen.

Lasagne schichten

1. Den Backofen auf 180 °C vorheizen. Die Auflaufform mit Nudelplatten auslegen und eine Schicht Hackfleischsauce darauf verteilen. Darauf eine Schicht Käse und eine Schicht Béchamelsauce geben.
2. In dieser Reihenfolge fortfahren, bis die Form gefüllt ist und alle Zutaten aufgebraucht sind. Die Lasagne zuletzt mit einer Schicht Käse bestreuen und im Ofen 1 Stunde backen.

Fertigstellen Die Lasagne aus dem Ofen nehmen, in Stücke schneiden und auf vier Tellern servieren.

SPINAT-RICOTTA-LASAGNE

FÜR 4 PERSONEN

Für die Spinat-Ricotta-Mischung

400 g Babyspinat
15 ml Olivenöl
abgeriebene Schale und Saft von
1 Bio-Zitrone
Salz, Pfeffer
¼ TL frisch geriebene Muskatnuss
250 g Ricotta

Für die Tomatensauce

1 Zwiebel
1 Knoblauchzehe
15 ml Olivenöl
30 g Pinienkerne
1 EL Tomatenmark
600 g stückige Tomaten (aus der Dose)
8 Stängel Basilikum (10 g)
Salz, Pfeffer

Für die Béchamelsauce

60 g Butter
70 g Mehl
500 ml Milch
Salz, Pfeffer
¼ TL frisch geriebene Muskatnuss
60 g geriebener Parmesan

Außerdem

Auflaufform
Olivenöl für die Form
250 g Lasagneblätter

Spinat-Ricotta-Mischung

Den Spinat waschen und abtropfen lassen. Das Olivenöl in einer großen Pfanne erhitzen und den Spinat darin zusammenfallen lassen. Zitronenschale und -saft zugeben und den Spinat mit Salz, Pfeffer und Muskatnuss würzen. Den Spinat dann in einer Schüssel mit dem Ricotta vermischen.

Tomatensauce

1. Zwiebel und Knoblauch schälen und fein würfeln. Das Olivenöl in der Pfanne erhitzen und beides darin glasig andünsten. Die Pinienkerne 1 Minute mitrösten. Dann das Tomatenmark zufügen und anschwitzen. Die Tomaten einrühren und alles 5 Minuten köcheln lassen.
2. Inzwischen das Basilikum waschen, trocken schütteln und die Blätter abzupfen. Das Basilikum in die Sauce rühren und diese mit Salz und Pfeffer abschmecken.

Béchamelsauce

Die Butter in einem Topf erhitzen. Das Mehl zugeben und gut einrühren. Die Milch langsam unter Rühren zugießen und die Sauce einige Minuten kochen lassen. Die Béchamel mit Salz, Pfeffer und Muskatnuss würzen und 30 g Parmesan einrühren.

Lasagne schichten

1. Den Backofen auf 180 °C vorheizen, die Auflaufform mit Olivenöl einfetten. Etwas Béchamel auf dem Boden der Form verteilen. Eine dünne Schicht Tomatensauce daraufgeben und etwas Spinat-Ricotta-Mischung in Klecksen darauf verteilen. Mit Lasagneblättern abdecken. In dieser Reihenfolge fortfahren, bis alle Zutaten aufgebraucht sind. Die Lasagne zuletzt mit einer Schicht Béchamelsauce bedecken und mit dem restlichen Parmesan (30 g) bestreuen.
2. Die Lasagne im Ofen etwa 45 Minuten backen, bis die Oberseite gebräunt ist.

Fertigstellen Die Lasagne aus dem Ofen nehmen und etwa 10 Minuten ruhen lassen. Dann in Stücke schneiden und servieren.

KÜRBIS-SALBEI-LASAGNE

FÜR 4 PERSONEN

Für den Kürbis

1 kg Butternuss-Kürbis

30 ml Olivenöl

abgeriebene Schale und Saft von

1 Bio-Orange

Salz

Für Salbei und Béchamelsauce

1 ¼ Bund Salbei (20 g)

60 g Butter

70 g Mehl

500 ml Milch

300 ml Gemüsebrühe

Salz, Pfeffer

¼ TL frisch geriebene Muskatnuss

60 g geriebener Parmesan

Außerdem

Auflaufform

Olivenöl für die Form

300 g Mozzarella

250 g Lasagneblätter

Kürbis

Den Backofen auf 200 °C vorheizen. Den Kürbis schälen, die Kerne herausschaben und das Fruchtfleisch in Würfel schneiden. Die Kürbiswürfel auf einem Backblech mit etwas Olivenöl, Orangenschale und -saft mischen. Salzen und im Ofen 30 Minuten backen.

Salbei und Béchamelsauce

1. Den Salbei waschen, trocken schütteln und die Blätter abzupfen. Die Butter in einem Topf erhitzen und die Salbeiblätter darin anbraten, bis sie knusprig sind und die Butter bräunt. Herausnehmen und auf Küchenpapier abtropfen lassen. Einige Blätter für die Garnitur beiseitelegen.

2. Das Mehl zur Butter geben und gut einrühren. Milch und Gemüsebrühe langsam unter Rühren zugießen und einige Minuten kochen lassen. Die Béchamel mit Salz, Pfeffer und Muskatnuss würzen und 30 g Parmesan einrühren.

Lasagne schichten

1. Den Backofen auf 180 °C vorheizen, die Auflaufform mit Olivenöl einfetten. Den Mozzarella in Scheiben schneiden. Etwas Béchamel auf dem Boden der Form verteilen. Dann jeweils eine Portion Kürbiswürfel, Mozzarella und Salbeiblätter daraufgeben. Mit Lasagneblättern abdecken. In dieser Reihenfolge fortfahren, bis alle Zutaten aufgebraucht sind. Die Lasagne zuletzt mit einer Schicht Béchamelsauce bedecken und mit dem restlichen Parmesan (30 g) bestreuen.

2. Die Lasagne im Ofen etwa 45 Minuten backen, bis die Oberseite gebräunt ist.

Fertigstellen Die Lasagne aus dem Ofen nehmen, mit den restlichen Salbeiblättern belegen und etwa 10 Minuten ruhen lassen. Dann in Stücke schneiden und servieren.

SALSICCIA-PILZ-LASAGNE

FÜR 4 PERSONEN
Für die Salsiccia-Pilz-Sauce
1 Zwiebel
1 Knoblauchzehe
½ Stange Lauch
1 Karotte
200 g Champignons
250 g frische Salsiccia (ital. Bratwurst)
2 EL Olivenöl
1 EL Tomatenmark
1 Lorbeerblatt
100 ml Rotwein
100 ml Milch

Für die Béchamelsauce
60 g Butter
70 g Mehl
400 ml Milch
Salz, Pfeffer
¼ TL frisch geriebene Muskatnuss
60 g geriebener Parmesan

Außerdem
Auflaufform
Olivenöl für die Form
250 g Lasagneblätter

Salsiccia-Pilz-Sauce
1. Zwiebel und Knoblauch schälen und fein würfeln. Den Lauch putzen, längs halbieren und in dünne Scheiben schneiden. Die Karotte schälen und in Würfel schneiden. Die Champignons bei Bedarf mit einem Tuch abreiben, putzen und in Scheiben schneiden. Die Salsiccia aus der Pelle drücken.
2. Das Olivenöl in einem großen Topf erhitzen und die Salsiccia darin knusprig anbraten. Aus dem Topf nehmen.
3. Dann Zwiebel, Lauch, Karotte und Champignons im Bratfett etwa 5 Minuten anbraten, bis sie weich sind. Den Knoblauch etwa 5 Minuten mitbraten.
4. Die Salsiccia wieder zugeben, Tomatenmark und Lorbeerblatt zufügen und alles etwa 5 Minuten braten. Mit dem Rotwein ablöschen, die Milch und 100 ml Wasser zugeben. Aufkochen, die Hitze reduzieren und die Sauce etwa 1 Stunde köcheln lassen.

Béchamelsauce
Die Butter in einem Topf erhitzen. Das Mehl zugeben und gut einrühren. Die Milch langsam unter Rühren zugießen und die Sauce einige Minuten kochen lassen. Die Béchamel mit Salz, Pfeffer und Muskatnuss würzen und 30 g Parmesan einrühren.

Lasagne schichten
1. Den Backofen auf 180 °C vorheizen, die Auflaufform mit Olivenöl einfetten. Etwas Béchamel auf dem Boden der Form verteilen. Eine dünne Schicht Salsiccia-Pilz-Sauce daraufgeben und mit Lasagneblättern abdecken.
2. In dieser Reihenfolge fortfahren, bis alle Zutaten aufgebraucht sind. Die Lasagne zuletzt mit einer Schicht Béchamelsauce bedecken und mit dem restlichen Parmesan (30 g) bestreuen.
3. Die Lasagne im Ofen etwa 45 Minuten backen, bis die Oberseite gebräunt ist.

Fertigstellen Die Lasagne aus dem Ofen nehmen und etwa 10 Minuten ruhen lassen. Dann in Stücke schneiden und auf Tellern servieren.

POLIZEI-
VERWALTUNGS-
AMT
/ZENTRALE
/BUßGELDSTELLE

POLIZEIVERWALTUNGS-AMT

WER WIR SIND

Zunächst in München als Landesbeschaffungsamt für Polizeiausrüstung errichtet, wurde unsere Behörde später in Bayerisches Polizeiverwaltungsamt (PVA) umbenannt. Über die Jahre war das Amt einem steten Wandel unterworfen. Die Verlegung der Zentralen Bußgeldstelle nach Viechtach erfolgte 1987. 14 Jahre später wurde dann der neue Hauptsitz des Amtes in Straubing errichtet.

WAS WIR MACHEN

Das Bayerische Polizeiverwaltungsamt in Straubing und Viechtach ist heute die zentrale Behörde der Polizei des Freistaats Bayern, wenn es um die Verfolgung und Ahndung von Ordnungswidrigkeiten geht, die im Straßenverkehr begangen werden. Die insgesamt rund 500 Mitarbeiterinnen und Mitarbeiter kümmern sich unter anderem um Verwarnungen und Anhörungsverfahren und erstellen Bußgeldbescheide. Wir sind auch zuständig für die bayernweite Beschaffung und Reparatur sämtlicher Atemalkoholmessgeräte und Verkehrsmesstechnikgeräte bei der Bayerischen Polizei. Mit seiner zentralen Servicefunktion entlastet das PVA die übrigen Polizeidienststellen von zahlreichen administrativen Aufgaben und leistet einen nicht zu unterschätzenden Beitrag zur Verkehrssicherheit auf Bayerns Straßen.

Abteilung III/Zentrale Bußgeldstelle in Viechtach (li.)
Bayerisches Polizeiverwaltungsamt in Straubing (re.)

WAS WIR BRAUCHEN

Änderungen im Straßenverkehrsrecht sowie technische Entwicklungen im Verkehrsbereich erfordern ein hohes Maß an Flexibilität, eine engagierte Arbeitsweise und die Bereitschaft, an der Prozessoptimierung und Digitalisierung mitzuwirken. Trotz unserer Arbeit in der Eingriffsverwaltung legen wir großen Wert auf Bürgernähe. Gute Kommunikation mit Betroffenen, aber auch eine enge Zusammenarbeit mit den Kollegen und Kolleginnen der anderen Polizeiverbände sind uns besonders wichtig.

Eine semistationäre Geschwindigkeitsmessanlage (sogenannter Enforcement Trailer)

ULRICH FÜR DIE ZENTRALE BUßGELDSTELLE

Meine Beschäftigung bei der Polizei verdanke ich meinem Zufall!

Der Waldlerbub Uli war in den 80er-Jahren des vergangenen Jahrhunderts als Finanzbeamter in München eingesetzt, just zu der Zeit, als die erste Behördenverlagerung im Freistaat Bayern stattfand. Die Zentrale Bußgeldstelle wurde von München nach Viechtach verlagert: Das war die Gelegenheit für viele Pendler, wieder in die Heimat zu kommen. Also Bewerbung abgeschickt und ... Glück gehabt! Aus dem Finanzer wurde ein Polizeibeamter und aus dem Wochenendpendler wieder ein echter Waldler.

Aber die Finanz hat mich doch nicht ganz losgelassen, denn auch bei der Polizei bin ich jetzt noch weiter mit den Finanzen beschäftigt: In meinem Sachgebiet Zahlstelle/Vollstreckung landen alle Bußgeldverfahren der Bayerischen Polizei, egal ob bezahlt (= Zahlstelle) oder nicht (= Vollstreckung).

Täglich gehen in unserer Zahlstelle mehrere Tausend Zahlungen ein, die angenommen und bearbeitet werden müssen. Der Gesamtbetrag wird sofort an die Staatsoberkasse abgeliefert. Da wandert schon sehr viel Geld durch unsere Hände!

Bei zahlungsunwilligen Bußgeldschuldnern läuft unser Vollstreckungsprogramm ab, von der Mahnung über die Zwangsvollstreckung beim Finanzamt bis hin zur Erzwingungshaft beim Amtsgericht. Sollte jemand aber zahlungsunfähig sein, so können wir auch mit Ratenzahlungen beziehungsweise Stundungen Hilfestellung leisten!

Man sieht, das Tätigkeitsfeld ist vielseitig und abwechslungsreich, ständig gibt es rechtliche und technische Neuerungen, dazu der direkte Bürgerkontakt und die intensive Zusammenarbeit mit circa 30

STECKBRIEF

NAME: Ulrich

ALTER: Noch 61 Jahre

EINHEIT: Zentrale Bußgeldstelle des Bayerischen Polizeiverwaltungsamtes

TÄTIGKEIT: Leiter Sachgebiet 33 Zahlstelle/Vollstreckung

Mitarbeitern, und das in einem kleinen Verband, wo jeder jeden kennt, das macht schon Spaß!

Noch mehr Spaß macht natürlich gutes Essen und Trinken! Aus figürlichen Gründen muss ich während des Tages im Dienst leider praktisch vollständig darauf verzichten. Dafür wird am Abend und am Wochenende gekocht, und das kann dann schon mal dauern wie bei Ossobuco alla Milanese oder ganz traditionell: Zwirl mit Kraut und Wammerl. Unschlagbar ist jedoch Schwammerbreji mit Semmelknödeln oder Ritsche. Für die des Bayerischen nicht mächtigen Leser: Bei Zwirl handelt es sich um eine Art Bratkartoffel, die mit Kraut und Schweinebauch serviert wird. Die Schwammerbreji ist nichts anderes als Pilzragout mit Semmelknödeln oder Kartoffelpuffern. Aber auch außerhalb der deutschen Gefilde finden sich wie gesagt Leckerbissen. So sage ich zu einer guten Frittata mit frischem Gemüse ganz bestimmt nicht Nein.

Falls beim aufmerksamen Beobachter übrigens der Eindruck entstanden sein sollte, dass wir im Bayerischen Wald unseren Dienst immer noch mit mechanischen Schreibmaschinen versehen, so muss ich diesen Eindruck umgehend korrigieren. Diese Maschine begleitet mich seit meinem Dienstantritt bei der Zentralen Bußgeldstelle, mit ihr füllte ich meine erste Überweisung an die Staatsoberkasse aus, sie blieb auch nach dem Wechsel auf die elektronische Schreibmaschine, sie ist auch jetzt im PC-Laptop-Smartphone-Zeitalter noch da und wird nach meinem bevorstehenden Ruhestandseintritt vielleicht den Weg in ein Museum finden. Dekorativ ist sie allemal – und lenkt auch von dem Berg Arbeit auf meinem Schreibtisch ab!

Wie sich der Spitzenkoch selbst überzeugen konnte, haben die Bußgeldverfahren teilweise auch ordentlich „Würze".

FRITTATA MIT SPARGEL, GEMÜSE, CHAMPIGNONS

UND SCHWENKKARTOFFELN

FÜR 4 PERSONEN

Für die Frittata

2 Karotten (160 g)
2 Zucchini (200 g)
500 g Thai-Spargel
200 g Champignons
1 rote Zwiebel
4 Tomaten
2 EL Olivenöl
10 Eier
4 EL Sahne
Salz, Pfeffer
1 Prise frisch geriebene Muskatnuss
100 g Parmesan

Für die Schwenkkartoffeln

600 g Kartoffeln
Salz
50 g Butter

Frittata

1. Die Karotten schälen, die Zucchini waschen und putzen. Beides in dünne Streifen schneiden. Den Spargel waschen und die Enden abschneiden. Die Hälfte der Stangen vierteln, die andere Hälfte ganz lassen und beiseitelegen. Die Champignons bei Bedarf mit einem Tuch abreiben, putzen und in Scheiben schneiden. Die Zwiebel schälen und in Streifen schneiden.

2. Den Stielansatz der Tomaten entfernen. Die Tomaten dann in kochendem Wasser blanchieren, eiskalt abschrecken und häuten. Die geschälten Tomaten halbieren, die Kerne entfernen und das Fruchtfleisch in Streifen schneiden.

3. Den Backofen auf 180 °C (Umluft) vorheizen. 1 EL Olivenöl in einer Pfanne erhitzen und das geschnittene Gemüse darin etwa 3 Minuten andünsten. Zuletzt die Tomatenstreifen zugeben. Das Gemüse in eine Auflaufform füllen.

4. Die Eier mit der Sahne verquirlen, mit Salz, Pfeffer und Muskatnuss würzen. Die Eiermasse über das Gemüse gießen und alles vermischen.

5. Den Parmesan darüberreiben und die Frittata im Ofen (Mitte) 20–25 Minuten backen, bis die Eier gestockt sind.

Schwenkkartoffeln

1. Inzwischen die Kartoffeln schälen und je nach Größe halbieren oder vierteln. Die Kartoffeln in einem Topf in kochendem Salzwasser garen. Abgießen und kurz ausdampfen lassen.

2. Die Butter in einer beschichteten Pfanne erhitzen und die Kartoffeln darin goldgelb anbraten.

Fertigstellen Das übrige Olivenöl (1 EL) in einer Pfanne erhitzen und die restlichen Spargelstangen darin etwa 3 Minuten anbraten. Die Frittata aus dem Ofen nehmen und in Portionsstücke teilen. Mit dem gebratenen Spargel auf vier Tellern anrichten. Die Schwenkkartoffeln dazu servieren.

TIPP

Es muss nicht unbedingt Thai-Spargel sein. Die Frittata gelingt auch mit heimischem grünen Spargel. Dabei dünne Stangen verwenden.

VIER-KÄSE-FRITTATA MIT KRÄUTERN

FÜR 2 PERSONEN

1 Schalotte
4 Stängel Kerbel (5 g)
4 Stängel Basilikum (5 g)
½ Bund Schnittlauch
30 g Parmesan
30 g Blauschimmelkäse
50 g Mozzarella
5 Eier
2 EL Frischkäse
Salz, Pfeffer
1 EL Butter

Frittata

1. Den Backofen auf 180 °C vorheizen.
Die Schalotte schälen und fein würfeln.
Die Kräuter waschen und trocken schütteln.
Kerbel und Basilikum abzupfen und die Blätter
in feine Streifen schneiden. Den Schnittlauch
in feine Röllchen schneiden.
2. Den Parmesan reiben, Blauschimmelkäse
und Mozzarella in Würfel schneiden. Eier und
Frischkäse in einer Schüssel verquirlen. Mit Salz
und Pfeffer würzen.
3. Die Butter in einer ofenfesten Pfanne erhitzen
und die Schalotte darin glasig andünsten. Die
Eiermasse zugießen, Kräuter und Parmesan darauf
verteilen. Alles unter Rühren gleichmäßig erhitzen,
bis die Eier zu stocken beginnen.
4. Dann Mozzarella und Blauschimmelkäse
darauf verteilen. Die Frittata zugedeckt im Ofen
in 15 Minuten fertig garen.

Fertigstellen Die Frittata aus dem Ofen nehmen,
in Portionsstücke teilen und servieren.

FRITTATA MIT SPINAT UND PARMESAN

FÜR 2 PERSONEN

1 Schalotte
1 Knoblauchzehe
150 g Blattspinat
60 g Parmesan
5 Eier
Salz, Pfeffer
2 EL Olivenöl
1 Prise frisch geriebene Muskatnuss

Frittata

1. Den Backofen auf 180 °C vorheizen. Schalotte
und Knoblauch schälen und in feine Würfel
schneiden. Den Spinat putzen, waschen, trocken
schleudern und grob hacken. Den Parmesan
reiben. Die Eier in einer Schüssel verquirlen,
mit Salz und Pfeffer würzen.
2. Das Olivenöl in einer ofenfesten Pfanne
erhitzen. Zwiebeln und Knoblauch darin glasig
andünsten. Den Spinat zugeben und unter Rühren
zusammenfallen lassen. Mit Salz, Pfeffer und
Muskatnuss würzen.
3. Die Eiermasse über den Spinat gießen,
den Parmesan daraufstreuen und alles unter
Rühren gleichmäßig erhitzen, bis die Eier zu
stocken beginnen. Die Frittata zugedeckt im
Ofen in 15 Minuten fertig garen.

Fertigstellen Die Frittata aus dem Ofen nehmen,
in Portionsstücke teilen und servieren.

FRITTATA MIT CHORIZO UND PAPRIKA

FÜR 2 PERSONEN

1 rote Zwiebel
1 Knoblauchzehe
1 rote Paprikaschote
4 Stängel Basilikum (5 g)
100 g frische Chorizo
5 Eier
Salz, Pfeffer
3 EL Olivenöl

Frittata

1. Den Backofen auf 180 °C vorheizen.
Die Zwiebel schälen und in feine Ringe schneiden.
Den Knoblauch schälen und fein hacken. Die
Paprika waschen, halbieren, weiße Trennwände
und Kerne entfernen. Die Hälften in feine Streifen
schneiden. Das Basilikum waschen und trocken
schütteln.
2. Die Chorizo pellen und in kleine Stücke
brechen. Die Eier in einer Schüssel verquirlen
und mit Salz und Pfeffer würzen.
3. Das Olivenöl in einer ofenfesten Pfanne
erhitzen und die Chorizo darin bei mittlerer Hitze
5 Minuten anbraten. Dann Zwiebel und Knoblauch
zugeben und kurz mitbraten. Die Paprika zufügen
und alles kurz durchschwenken.
4. Die Eiermasse darübergießen. Das Basilikum
grob zerpflücken und darauf verteilen. Alles unter
Rühren gleichmäßig erhitzen, bis die Eier zu
stocken beginnen. Die Frittata zugedeckt im Ofen
in 15 Minuten fertig garen.

Fertigstellen Die Frittata aus dem Ofen nehmen,
in Portionsstücke teilen und servieren.

REITERSTAFFEL

/ PI REITERSTAFFEL
PP MÜNCHEN

REITERSTAFFEL

Die Polizeiinspektion Reiterstaffel München ist eine von mehreren Einsatzeinheiten des Polizeipräsidiums München.

WER WIR SIND

Die Polizeiinspektion Reiterstaffel München setzt sich aus Polizeibeamten und -beamtinnen sowie Angestellten zusammen. Als größte von drei berittenen Einheiten der Bayerischen Polizei verfügt sie aktuell über 41 Dienstpferde. Gegründet wurde die Reiterstaffel München – damals noch unter anderem Namen – bereits 1898. Keine andere Dienststelle des Polizeipräsidiums München kann auf eine so lange Tradition zurückblicken. 1973 bezog sie die Liegenschaft in München-Riem, wo sie auf dem ehemaligen Olympia-Reitgelände bis heute ihren Dienstsitz hat.

WAS WIR TUN

Bei unseren Einsätzen ist grundsätzlich zwischen der alltäglichen Streifentätigkeit sowie Einsätzen aus besonderem Anlass (zum Beispiel Fußballspiele, Veranstaltungen, Versammlungen) zu unterscheiden.

Die Aus- und Fortbildung sowohl der Reiter als auch der Pferde führen wir in eigener Zuständigkeit durch. Unsere Ausbildungsleiter und -leiterinnen koordinieren neben ihrem täglichen Dienst die Ausbildung der Polizeipferde, die sich grundsätzlich in zwei Phasen gliedert: die Heranführung an den Streifendienst (Streifentauglichkeit) und der Erwerb der Befähigung für Einsätze aus besonderem Anlass (volle Einsatzfähigkeit).

Neben der tagtäglichen Ausbildung von Pferd und Reiter stellen wir also nicht nur Pflichtstreifen im Englischen Garten, sondern werden auch für Fußballspiele, Demonstrationen und Umzüge an-

EIGENSCHAFTEN:

- Sympathieträger
- Informativ, kommunikativ, bürgernah
- Dynamisch und mobil
- Deeskalierend
- Geländegängig
- Vielseitig

gefordert. Außerdem unterstützen wir Polizeidienststellen in ganz Bayern bei diversen Einsatzlagen, zum Beispiel bei der Suche nach Vermissten oder Verletzten.

WAS WIR BRAUCHEN

Bei der Reiterstaffel handelt es sich um eine Dienststelle, die von den Beamtinnen und Beamten ein hohes Maß an Flexibilität und Einsatzwillen fordert. Belastbarkeit und taktisches Verständnis werden vorausgesetzt. Da der Einsatz der Pferde vor allem bei Großveranstaltungen sinnvoll und von großem Nutzen ist, verrichten wir an vielen Wochenenden Dienst – und das bei jedem Wetter, zu jeder Jahreszeit, bei Tag und bei besonderen Gelegenheiten auch bei Nacht.

Hinzu kommen die Zeiten für den Transport und die Pflege der Pferde. Ein Polizeireiter darf sich nicht zu schade sein, eine Mistgabel in die Hand zu nehmen, zu fegen und vor allem sein Pferd zu striegeln. Scheu vor Schmutz und Staub ist fehl am (Reit-)Platz.

Bei schönem Wetter macht der Dienst mit Pferd immer gute Laune. Wir sind immer in Doppelstreifen unterwegs. Gerade bei Veranstaltungen spüren wir die Begeisterung der Bürgerinnen und Bürger. Ich bin sehr glücklich, meine Leidenschaft so intensiv mit dem Beruf leben zu können.

MANUELA FÜR DIE
REITERSTAFFEL MÜNCHEN

WARUM BIST DU ZUR POLIZEI?

Weil mein Vater es mir ans Herz gelegt hat. ☺
Tatsächlich war es so, dass ich schon immer nach einem Beruf gesucht habe, der nicht so typisch Frau ist und der sehr viel Abwechslung bietet. Zudem habe ich einen stark ausgeprägten Gerechtigkeitssinn, was für mich auch Motivation war, diesen Beruf zu ergreifen.

WAS MACHST DU GENAU?

Ich bin seit circa eineinhalb Jahren bei der Reiterstaffel, nämlich seit September 2021. Ich absolvierte hier zu Beginn eine dreimonatige Ausbildung, um als Streifen- und Einsatzreiterin eingesetzt werden zu können. Dieser Tätigkeit ging ich dann vorwiegend nach. Aufgrund meiner reiterlichen Vorerfahrung wurde ich ab August 2022 in das Ausbildungsteam der Reiterstaffel aufgenommen und werde dort derzeit als Remonten-Reiterin eingesetzt. Das bedeutet, dass ich mich um die jungen Pferde kümmere und diese für den Polizeidienst vorbereite. Ich trainiere und reite sie also jeden Tag, um sie an die kommenden Einsatzsituationen zu gewöhnen. Mein Ziel ist es, die Ausbildung zur Reitlehrerin abzuschließen.

WAS MACHT DIR AN DEINER ARBEIT SPASS?

Ich arbeite unheimlich gern mit Tieren. Bevor ich zur Reiterstaffel wechselte, war ich knapp zwölf Jahre Diensthundeführerin bei der Diensthundestaffel München. Ich finde, es gibt keine treueren und ehrlicheren Freunde als unsere Vierbeiner. Zudem kann ich mich hier sportlich auspowern und darf in einem ganz besonderen Team arbeiten.

STECKBRIEF

NAME: Manuela

ALTER: 39 Jahre

EINHEIT: Reiterstaffel München

TÄTIGKEIT: Polizeireiterin

WIE SIEHT EIN TYPISCHER TAG BEI DIR AUS?

Als Remonten-Reiterin habe ich überwiegend Tagdienst von 7:00 Uhr bis 16:00 Uhr. Wenn ich morgens ankomme, schaue ich zuerst auf den Dienstplan, welche Pferde mir für den Tag zum eigenverantwortlichen Reiten, Bewegen und Trainieren zugeteilt sind.

Neben der Pferdeausbildung absolviere ich vor allem an den Wochenenden verschiedene Einsätze. Ich bin zum Beispiel bei Fußballspielen, Umzügen oder auch Demonstrationen dabei – natürlich immer zu Pferd.

Da es bei uns kein festes Schichtsystem gibt, muss man als Polizeireiter oder -reiterin sehr flexibel sein. Die PI Reiterstaffel ist eine sogenannte Servicedienststelle, was bedeutet, dass wir nur auf Anforderung anderer Dienststellen eingesetzt werden. Dies bringt mit sich, dass sich die Dienstzeiten auch kurzfristig ändern können. Die Suche nach Vermissten beispielsweise ist nicht im Voraus planbar. Andererseits sorgt das für hohe Abwechslung und lässt keine Langeweile aufkommen.

WIE VERBRINGST DU DEINE FREIZEIT?

Ich bin Mutter von zwei Mädels (3 und 5 Jahre alt). Somit dreht sich meine Freizeitgestaltung vor allem um die Bedürfnisse meiner Kinder. Außerdem bin ich ein absoluter Naturmensch und liebe es, meinen Garten zu gestalten und zu pflegen. Dabei kann ich so richtig abschalten.

KANNST DU UNS VON EINEM BESONDEREN EREIGNIS AUS DEINEM BERUFSLEBEN BERICHTEN?

Diese Frage ist sehr schwer zu beantworten, da jeder Tag bei der Polizei anders ist. Jeder Tag bringt neue, teilweise unvorhergesehene Ereignisse mit sich, wodurch jeder Tag besonders ist. Genau das macht den Beruf spannend und nie langweilig.

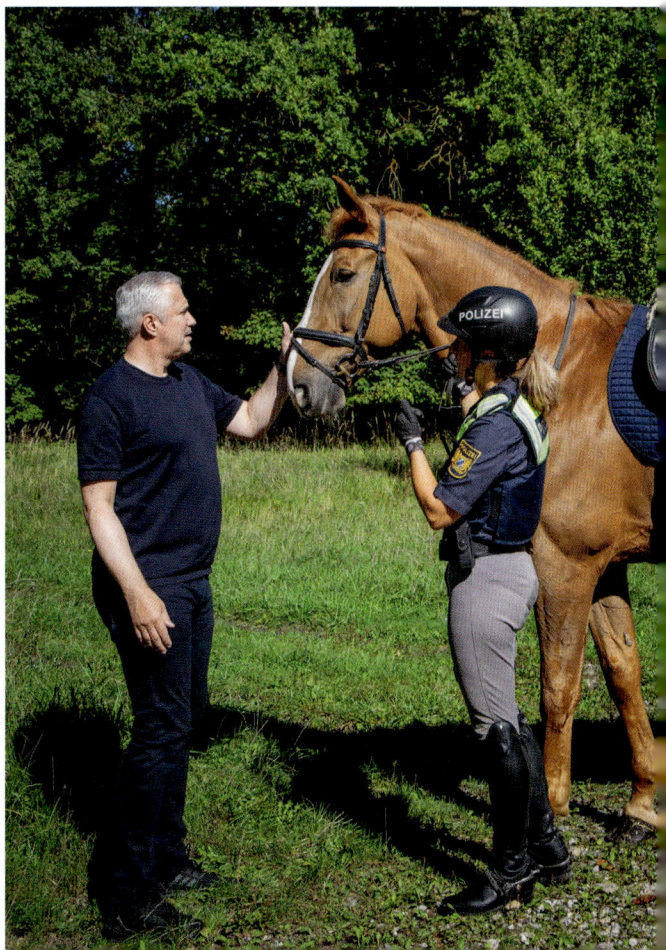

ZUCCHINI-PICCATA-BURGER MIT RUCOLA

UND AVOCADOCREME

FÜR 4 PERSONEN

Für die Avocadocreme
1 Knoblauchzehe
3 EL Olivenöl
Saft von 1 Limette (oder Zitrone)
2 Tomaten
2 Avocados
Salz, Pfeffer

Für die Zucchini-Piccata
2 Zucchini (450 g)
1 Bund Petersilie (und/oder Thymian, Rosmarin)
5 Eier
120 g Parmesan
100 g Mehl
200 ml Rapsöl

Außerdem
1 Bund Rucola
4 Brioche-Buns

Avocadocreme
1. Den Knoblauch schälen und durch die Knoblauchpresse in eine Schüssel drücken. Olivenöl und Limettensaft einrühren.
2. Die Tomaten waschen, Stielansätze und Kerne entfernen und die Tomaten in kleine Würfel schneiden. Die Würfel zur Knoblauchmasse geben.
3. Die Avocados halbieren, entsteinen und das Fruchtfleisch aus der Schale lösen. Das Fruchtfleisch mit einer Gabel zerdrücken und ebenfalls zur Knoblauchmasse geben. Alles verrühren und die Avocadocreme mit Salz und Pfeffer abschmecken.

Zucchini-Piccata
1. Die Zucchini waschen, putzen und in 1 cm dicke Scheiben schneiden. Die Petersilie waschen, trocken schütteln und die Blätter fein schneiden.
2. Die Eier in einer Schüssel verquirlen. Den Parmesan hineinreiben. Petersilie und 50 g Mehl zugeben und alles zu einem glatten Teig verrühren.
3. Das restliche Mehl (50 g) auf einen Teller geben. Das Öl in einer Pfanne erhitzen. Die Zucchinischeiben nacheinander zuerst im Mehl wenden, dann durch den Teig ziehen und im heißen Öl langsam ausbacken. Fertig gebackene Scheiben auf Küchenpapier abtropfen lassen.

Fertigstellen Den Rucola waschen und trocken schütteln. Die Brioche-Buns im Toaster oder im Backofen anrösten. Die Buns dann waagerecht halbieren und die Schnittflächen mit der Avocadocreme bestreichen. Den Rucola darauf verteilen. Die Zucchini-Piccata auf die Böden schichten, die Deckel auflegen und die Burger servieren.

AUBERGINEN-BURGER MIT HOISIN-SAUCE UND COLESLAW

FÜR 2 PERSONEN

Für die Auberginen
½ Aubergine
Salz
50 g Panko (japan. Semmelbrösel)
1 TL heller Sesam
1 TL dunkler Sesam
1 Ei
2 EL Mehl
Öl zum Frittieren

Für den Coleslaw
100 g Spitzkohl
1 Frühlingszwiebel
1 EL Reisessig
Salz

Außerdem
2 Brioche-Buns
1 EL Hoisin-Sauce
3 EL Mayonnaise

Auberginen

1. Die Aubergine schälen und in zwei Scheiben (4 cm dick) schneiden. Die Scheiben salzen und auf einem Teller 10 Minuten Wasser ziehen lassen.

2. Panko und beide Sesamsorten in einer Schüssel mischen. Das Ei in einer weiteren Schüssel verquirlen und salzen. Das Mehl auf einen Teller geben.

3. Das Öl in einem hohen Topf auf 170 °C erhitzen. Inzwischen die Auberginenscheiben mit Küchenpapier trocken tupfen. Die Scheiben zuerst im Mehl, dann im Ei und zuletzt in der Panko-Sesam-Mischung wenden. Die Auberginen im heißen Öl 6 Minuten frittieren. Herausnehmen und auf Küchenpapier abtropfen lassen.

Coleslaw

Den Spitzkohl putzen und fein hobeln. Die Frühlingszwiebel putzen, waschen und in feine Ringe schneiden. Kohl, Frühlingszwiebel, Essig und 1 Prise Salz in einer Schüssel vermischen.

Fertigstellen Die Brioche-Buns im Toaster anrösten. Dann waagerecht halbieren. Die Deckel mit der Hoisin-Sauce, die Böden mit der Mayonnaise bestreichen. Den Coleslaw auf den Schnittflächen verteilen und die Auberginenscheiben auf die Böden schichten. Die Burger zusammensetzen und servieren.

OFENPAPRIKA-BURGER MIT RAUCHMANDEL-PESTO

FÜR 2 PERSONEN

Für die Ofenpaprika
1 rote Paprikaschote
Olivenöl zum Bestreichen
Salz, Pfeffer

Für das Rauchmandel-Pesto
1 Bund Basilikum (20 g)
1 Knoblauchzehe
50 g Rauchmandeln (geräucherte Mandeln)
30 g geriebener Parmesan
6 EL Olivenöl

Außerdem
40 g Rucola
2 Brioche-Buns
30 g Ricotta
20 g Kalamata-Oliven (entsteint)

Ofenpaprika

1. Den Backofen auf 250 °C (oder Grillfunktion) vorheizen, ein Backblech mit Backpapier belegen. Die Paprika waschen, vierteln und weiße Trennwände und Kerne entfernen. Die Viertel mit der Hautseite nach oben auf das Backblech legen, mit Olivenöl bestreichen und salzen.

2. Die Paprika im Ofen 10–15 Minuten rösten, bis die Haut dunkle Blasen wirft. Herausnehmen und abgedeckt etwa 5 Minuten abkühlen lassen. Die Paprika danach häuten und mit Salz und Pfeffer würzen.

Rauchmandel-Pesto

Das Basilikum waschen, trocken schütteln und die Blätter abzupfen. Den Knoblauch schälen und grob hacken. Die Rauchmandeln mit Basilikum, Knoblauch, Parmesan und Olivenöl im Mixer fein pürieren.

Fertigstellen Den Rucola waschen und trocken schütteln. Die Brioche-Buns im Toaster anrösten. Dann waagerecht halbieren und die Schnittflächen mit Ricotta bestreichen. Je 2 Paprikaviertel, Rucola und Oliven auf die Böden schichten. Je 1 EL Rauchmandel-Pesto daraufgeben, die Burger zusammensetzen und servieren.

KÜRBIS-BURGER MIT CURRYCREME UND RADICCHIO

FÜR 2 PERSONEN

Für den Kürbis

200 g Butternutkürbis (kernloser Teil)
Olivenöl zum Beträufeln
Salz

Für Currycreme und Radicchio

80 g Frischkäse
30 g getrocknete Datteln (entsteint)
½ TL Currypulver
½ TL Senf
Salz
80 g Radicchio
1 rote Zwiebel
1 EL Olivenöl
2 EL Aceto balsamico
1 TL Rohrzucker

Außerdem

2 Brioche-Buns

Kürbis

Den Backofen auf 190 °C vorheizen, ein Backblech mit Backpapier belegen. Vom Kürbis 2 Scheiben (à 100 g) abschneiden. Die Haut mit einem Sparschäler abziehen und die Scheiben auf das Backblech legen. Mit etwas Olivenöl beträufeln, salzen und im Ofen 15 Minuten backen.

Currycreme und Radicchio

1. Den Frischkäse mit Datteln, Currypulver, Senf und 1 Prise Salz im Mixer fein pürieren.

2. Den Radicchio waschen, trocken tupfen und in Streifen schneiden. Die Zwiebel schälen, halbieren und in Streifen schneiden. Das Olivenöl in einer Pfanne erhitzen und die Zwiebel darin 5 Minuten anbraten. Den Radicchio zugeben und zusammenfallen lassen. Mit dem Essig ablöschen, den Zucker zugeben und einkochen lassen.

Fertigstellen Die Brioche-Buns im Toaster anrösten. Dann waagerecht halbieren und die Schnittflächen mit der Currycreme bestreichen. Den Radicchio darauf verteilen und die Kürbisscheiben auf die Böden schichten. Die Burger zusammensetzen und servieren.

TIPP
Übriges Rauchmandel-Pesto zu den Burgern servieren oder anderweitig verwenden. Zugedeckt im Kühlschrank gelagert, hält es sich einige Tage.

BAYER. LANDES-KRIMINALAMT

/ CYBERCRIME

CYBERCRIME – BAYER. LANDESKRIMINALAMT

Cybercrime ist eines der sich am dynamischsten verändernden Kriminalitätsphänomene, bei dem die Täter moderne Informations- und Kommunikationstechnik flexibel für sich nutzen und dort angreifen, wo es sich aus ihrer Sicht finanziell lohnt. Sie agieren hochprofessionell und global vernetzt – ihre Angriffsszenarien werden immer raffinierter.

„Die Kriminalität verändert sich von einer Kriminalität auf der Straße hinein ins Netz", so der amtierende Präsident des Bayerischen Landeskriminalamts (BLKA), Harald Pickert. „Im Netz sind ganz andere beziehungsweise veränderte Kriminalitätsphänomene zu verzeichnen, und die Ermittlungen sind schwieriger, weil es durch die zahlreichen Möglichkeiten der Anonymisierung und Verschlüsselung nicht so einfach ist, Straftäter zu identifizieren."

WER WIR SIND

Seit Januar 2014 gibt es deshalb im Bayerischen Landeskriminalamt das Dezernat 54, Cybercrime, das sich aus der Zentralstelle Cybercrime, den Ermittlungen Cybercrime und der Netzwerkfahndung zusammensetzt. Hier arbeiten erfahrene Polizeivollzugsbeamte, Technische Beamte, Analytiker und Forensiker Seite an Seite mit Quereinsteigern, den sogenannten IT-Kriminalisten.

Neben dem Dezernat 54 im Bayerischen Landeskriminalamt, das auch für Cyber-Sicherheitsbehörden aus dem In- und Ausland ein wichtiger Ansprechpartner ist, sind landesweit flächendeckend Cybercrime-Einheiten mit speziell geschulten Kriminalbeamten und -beamtinnen zur Bekämpfung der Internetkriminalität etabliert. Diese sind für die Geschädigten vor Ort die ersten Ansprechpartner. Das BLKA führt selbst herausragende Ermittlungsverfahren, unterstützt aber auch als Zentralstelle die Landespolizei bei umfangreicher oder komplexer Sachbearbeitung und koordiniert andererseits parallel laufende Ermittlungen.

ANFORDERUNGEN:

- Technisches und fachliches Know-how
- Aufgeschlossenheit gegenüber neuen IT-Anwendungen
- Hohe Konzentrationsfähigkeit und Motivation
- Geistige Flexibilität
- Teamfähigkeit
- Sensibilität
- Diplomatisches Geschick
- Sorgfalt

Im Rahmen der Cyberabwehr Bayern arbeiten wir sehr eng und vertrauensvoll mit anderen Sicherheitsbehörden in Bayern, aber auch bundesweit, zusammen und betreuen in sachgebietsübergreifender Zusammenarbeit die Hotline der Bayerischen Polizei für IT-Notfälle.

WAS WIR MACHEN

Neben unseren eigenen Ermittlungsverfahren bieten wir anderen Polizeidienststellen, Behörden und Unternehmen sowie sonstigen öffentlichen und nichtöffentlichen Stellen in Bayern umfangreiche Serviceleistungen. Zu unseren Spezialaufgaben gehören beispielsweise die forensische Sicherung und Auswertung digitaler Spuren in Cybercrime-Verfahren sowie Verhaltensanalyse von Schadsoft-

In der Herzkammer der Cybercrime-Einheit, in einem von vier großen Serverräumen beim Landeskriminalamt. Hier laufen alle Datenströme zusammen.

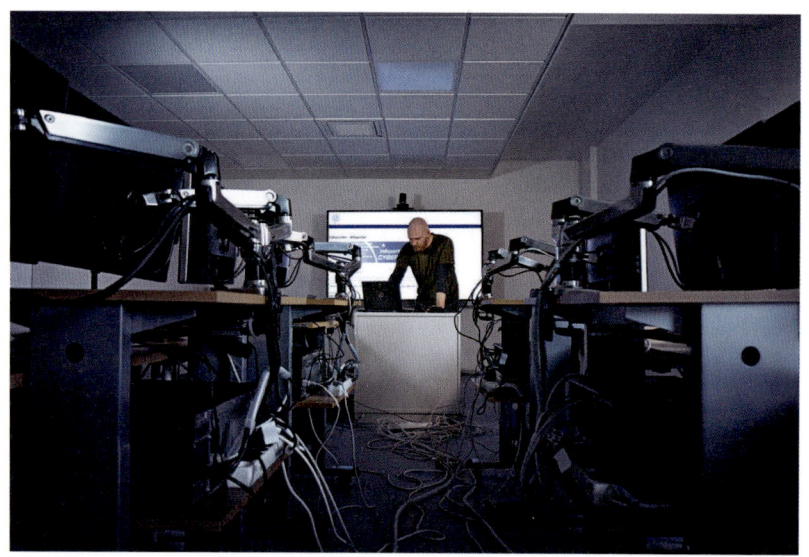

Bei Großlagen wie zum Beispiel dem G-7-Gipfel in Bayern wird aus einem Besprechungsraum auch mal schnell eine Einsatzzentrale.

Die Bekämpfung von Cyber-crime-Delikten gelingt nur im Team ...

... aber für manche Aufgaben muss es auch mal das „stille Kämmerlein" sein.

ware, aber auch die Erstellung von Lagebildern und strategischen und operativen Analysen. In motivierten Teams aus erfahrenen Ermittlern und IT-Kriminalisten entwickeln wir zudem innovative Ermittlungsmethoden und koordinieren mit verschiedenen Zentralstellen nationale und internationale polizeiliche Maßnahmen.

Ein wichtiger Part ist dabei unsere „Zentrale Ansprechstelle Cybercrime" für die Wirtschaft in Bayern (ZAC), mit der wir Unternehmen, Behörden oder Vereine, die von Cybercrime-Delikten betroffen sind, vertrauensvoll und kompetent beraten oder im Rahmen von Vorträgen über Präventionsmöglichkeiten aufklären.

Im Bereich „Kinderpornografie" zählen insbesondere die zentralisierte Medienauswertung, Abstimmungs-, Steuerungs- und Serviceaufgaben bei Großverfahren sowie die Koordination von bundesweiten Fahndungsmaßnahmen zur Identifikation von Tätern und Opfern zu unseren Aufgaben.

Als „Zentralstelle OSINT" (Open Source Intelligence) führen wir anlassunabhängige und anlassbezogene Internetrecherchen durch und tragen mit unserer „Zentralen Meldestelle für strafbare Inhalte im Internet" effektiv zur Strafverfolgung, insbesondere von Hasskriminalität mit rechtsextremistischem Hintergrund, bei.

In den vergangenen Jahren ist dadurch ein stabiles internationales Netzwerk von Behörden und privaten Institutionen wie zum Beispiel Hochschulen entstanden, das äußerst wertvoll ist, um den erforderlichen Informationsaustausch und koordinierte Ermittlungsarbeit zu gewährleisten.

GRUNDSÄTZE:

- Kompetenz
- Vernetzung
- Strategie
- Innovation und Technik

WAS WIR BRAUCHEN

Für die bei der Bayerischen Polizei einzigartige und spannende Tätigkeit im Kompetenzzentrum Cybercrime sind nicht nur hohe Leistungsbereitschaft und Motivation, sondern auch Kommunikationsfähigkeit und fachliches Know-how grundlegende Voraussetzungen, denn häufig müssen komplexe Sachverhalte zügig rechtlich gewürdigt und technisch bewertet werden.

Kritische Infrastrukturen erfordern gegebenenfalls auch eine Krisenbewältigung vor Ort sowie abgestimmte Pressearbeit. Präventionsarbeit wird in Form von Vortragstätigkeiten, gemeinsamen Besprechungen in Unternehmen sowie durch Beteiligung an Fachmessen geleistet. Reale Bedrohungen im virtuellen Raum erfordern nicht nur bei konkreten Vorfällen eine Reaktion, sondern auch im Vorfeld die Ausarbeitung und Durchführung von Planspielen beziehungsweise Krisenstabsübungen.

MARCO FÜR DAS BAYER. LANDESKRIMINALAMT – DEZERNAT CYBERCRIME

WARUM BIST DU ZUR POLIZEI?

Es war schon immer mein Wunsch, zur Polizei zu gehen. Der Beruf ist abwechslungsreich und spannend, und ich wollte Menschen helfen. Außerdem bekommt man Einblicke in Bereiche, die man im „normalen" täglichen Leben nie sehen würde.

WAS GENAU MACHST DU BEI DER POLIZEI?

Der Schwerpunkt des Dezernats 54, Cybercrime, liegt auf der Bekämpfung von Cyberdelikten, die gegen Unternehmen, die zur kritischen Infrastruktur gehören, gerichtet sind. Dazu zählen Straftaten, die sich zum Beispiel gegen das Internet, Datennetze oder informationstechnische Systeme richten.

Zu meinen Aufgaben gehören neben Ermittlungen gegen im Cyberraum agierende Täter auch Recherchen, durch die illegale Aktivitäten und die Verbreitung von verbotenen Inhalten verhindert werden sollen. Zusammengefasst ist es unser Ziel, kriminelle Netzwerke zu zerschlagen. Hierzu bewegen wir uns täglich im Internet und im Darknet. Häufig müssen wir dabei auch digitale Zahlungsströme, beispielsweise von Bitcoin, verfolgen. In diesen Fällen führt uns das Geld zu den Tätern.

WAS MACHT DIR DARAN SPASS?

Die Vielseitigkeit. Man lernt immer etwas Neues, und es ist eine große Herausforderung, den Kriminellen einen Schritt voraus zu sein. Wie schon erwähnt, wollte ich immer Menschen helfen. Da ich mich privat für Informatik interessiere, konnte ich meine Leidenschaft mit diesem Wunsch verbinden.

WIE SIEHT EIN TYPISCHER TAG BEI DIR AUS?

Der Tag beginnt wie in vielen Unternehmen und Behörden mit dem Checken des E-Mail-Postfachs. Danach ist es wichtig, sich in die ak-

STECKBRIEF

NAME: Marco

ALTER: 40 Jahre

EINHEIT: Bayerisches Landeskriminalamt München, Dezernat Cybercrime

TÄTIGKEIT: Sachbearbeiter

tuelle Cyber-Sicherheitslage und spezielle Tageslageberichte einzulesen. Denn in diesem schnelllebigen Deliktsbereich muss man den Überblick behalten, was bundes- und landesweit geschehen ist. Unsere Täter sind nämlich nicht ortsgebunden. Oft folgt darauf eine morgendliche Sachgebietsbesprechung, um bedeutende Erkenntnisse in Ermittlungsverfahren auszutauschen.

Nach diesen Tätigkeiten beginnt die eigentliche Ermittlungsarbeit. Je nach Verfahren kann sich diese stark unterscheiden. Bei einem akuten IT-Sicherheitsvorfall rückt ein Ermittlerteam direkt zum Geschädigten aus, um Zeugen zu vernehmen und mithilfe von digitalen Forensikern wichtige Beweismittel frühzeitig zu sichern. Zurück auf der Dienststelle beginnen wir mit der Auswertung der digitalen Asservate. Falls dabei bereits relevante Spuren gefunden werden, wird diesen strukturiert nachgegangen. Häufig recherchiere ich jedoch auch vom Büro aus. Man kann sich das dann wie eine digitale Streifenfahrt vorstellen.

Als Fan von Alexander Herrmann und seiner Küche war es mir eine große Freude, mich mit ihm über meine Arbeit unterhalten zu können. Ein paar Kochtipps gab es gratis dazu.

GIBT ES EINE SPEZIELLE ANEKDOTE AUS DEINER DIENSTZEIT?

Auf einer Dienstreise hatte der Dienstwagen eine Panne. Über den Fuhrparkservice wurde das defekte Dienstfahrzeug abgeholt und mir ein neuer Wagen gebracht. Zwei Kilometer weiter hatte der Ersatzwagen einen technischen Defekt. Erneut wurde der defekte Dienstwagen abgeholt und ein neuer bereitgestellt. Auch dieser hatte 20 Kilometer weiter wieder einen technischen Defekt. Ich wurde letztendlich von den Kollegen des Fuhrparkservice zum Dienstort chauffiert. Da wir eigentlich über einen sehr guten Fuhrpark verfügen, ist die Chance, so viele Pannen auf einmal zu erleben, fast so gering wie die Chance, einen Sechser im Lotto zu haben. Seitdem werde ich beim Bestellen eines Dienstfahrzeugs von den Kollegen gefragt, wie viele Autos sie für mich vorhalten sollen. Denn ein bisschen Spaß unter Kollegen darf immer sein.

KANNST DU UNS VON EINEM BESONDEREN (EMOTIONALEN, LUSTIGEN, AUSSERGEWÖHNLICHEN) EREIGNIS AUS DEINER KARRIERE BERICHTEN?

Beim Bayerischen Landeskriminalamt ist eine zentrale Hotline für IT-Notfälle eingerichtet. Dorthin können sich Bürger wenden, wenn sie Opfer einer Cyberstraftat wurden. Mit meinen Kolleginnen und Kollegen betreue ich abwechselnd diese Hotline. Neben ernsthaften Themen kommt man sich aber auch manchmal vor wie bei einer Talkshow am Nachmittag. Das reicht von „Ich war schon beim FBI und habe Anzeige erstattet, ich wollte mich noch mal absichern" über „Ich hab eigentlich kein Problem, ich wollt nur ein wenig plaudern" bis „Ich habe meinen Laptop verloren, können Sie den wiederfinden?".

WAS ISST DU SO IM DIENST?

Zum Frühstück Obst, Joghurt mit Früchten, ab und an mal eine Butterbreze. Mittags gern einen Salat und natürlich auch mal etwas Herzhaftes.

ALEXANDER HERRMANN KOCHT FÜR DICH – WAS GIBT ES?

Ich mag es gern ein bisschen schärfer. Chili con Carne steht daher ganz oben auf der Liste meiner Lieblingsspeisen. Wenn es dann noch ein außergewöhnliches Brot dazu gibt, dann esse ich auch mal eine Portion mehr.

CHILI
CON CARNE

FÜR 4 PERSONEN

Für den Koriander-Sauerrahm
1 Bund Koriandergrün
200 g Sauerrahm
abgeriebene Schale von 1 Bio-Zitrone
Salz, Pfeffer

Für das Chili
1 weiße Zwiebel
2 Knoblauchzehen
1 Spitzpaprika
2 EL Rapsöl
500 g grobes Rinderhackfleisch
(8-mm-Scheibe, s. Tipp)
50 g Tomatenmark
150–200 ml Rotwein
2 Dosen stückige Tomaten (à 400 g)
150 ml Fleischbrühe (oder Gemüsebrühe)
200 g Kidneybohnen (aus der Dose)
100 g Mais (aus der Dose)
Salz, Pfeffer
1 Prise gemahlener Kreuzkümmel
1 Prise gemahlener Koriander
1 Prise Chiliflocken (oder Cayennepfeffer)
20 g Zartbitter-Schokodrops (z. B. von
Valrhona)

Koriander-Sauerrahm
Das Koriandergrün waschen und trocken schütteln. Die Blätter abzupfen und in feine Streifen schneiden. Den Sauerrahm mit Koriandergrün und Zitronen-schale verrühren. Mit Salz und Pfeffer abschmecken und bis zum Servieren kühlen.

Chili
1. Die Zwiebel schälen und fein würfeln. Den Knoblauch schälen, längs halbieren, den Keimling in der Mitte entfernen und die Zehen fein hacken. (Das Entfernen des Keimlings schützt empfindlich reagierende Personen vor Bauchschmerzen.) Die Paprika waschen, halbieren, weiße Trennwände und Kerne entfernen. Die Hälften in 2 cm große Würfel schneiden.
2. Das Öl in einer Pfanne erhitzen und das Hackfleisch darin anbraten. Zwiebel und Knoblauch zugeben und kurz anschwitzen. Das Tomatenmark zufügen und kurz anrösten. Alles mit der Hälfte vom Rotwein ablöschen und diesen einkochen lassen. Diesen Vorgang mit dem restlichen Wein wiederholen. Danach die Tomaten und 150 ml Brühe zugeben und alles 30–45 Minuten köcheln lassen.
3. Inzwischen Bohnen und Mais in ein Sieb abgießen, kalt abspülen und abtropfen lassen.
4. Das Chili mit Salz, Pfeffer, Kreuzkümmel und Chiliflocken je nach ge-wünschter Intensität und Schärfe abschmecken. Bohnen, Mais und Paprika in das Chili rühren. (Nicht früher zufügen, sonst platzen die Bohnen auf und die Paprika verliert ihren Biss.) Zuletzt die Schokodrops unterheben.

Fertigstellen Das Chili auf vier Tellern anrichten. Mit dem Koriander-Sauer-rahm und Fladenbrot oder Tortillachips servieren.

TIPP
Für Chili sin Carne statt Rindfleisch 300 g Sojaschnetzel in lauwarmem Wasser einweichen, gut abtropfen lassen und anbraten. Weiterhin statt Fleischbrühe eine kräftige Gemüsebrühe ver-wenden. Oder die Variante auf S. 198 ausprobieren.

TIPP
Lassen Sie das Rindfleisch beim Metzger frisch mit der 8-mm-Scheibe wolfen oder noch besser in 1 cm große Würfel schneiden. Traditionell wird Chili in Mexiko nämlich mit feinen Fleischwürfeln zubereitet.

CHILI SIN CARNE

FÜR 4 PERSONEN

2 Zwiebeln
3 Knoblauchzehen
1 rote Chilischote
3 EL Olivenöl
1 TL gemahlener Kreuzkümmel
1 TL Paprikapulver
½ TL Cayennepfeffer
200 g rote Linsen
3 EL Tomatenmark
100 ml Rotwein
800 g ganze geschälte Tomaten (aus der Dose)
250 ml Gemüsebrühe
450 g Kidneybohnen (aus der Dose)
450 g Mais (aus der Dose)
50 g Zartbitterschokolade
Salz, Pfeffer

Chili

1. Zwiebeln und Knoblauch schälen und in feine Würfel schneiden. Die Chilischote waschen, putzen und fein hacken.
2. Das Olivenöl in einem Topf erhitzen und die Zwiebeln darin in 2 Minuten glasig andünsten. Knoblauch, Chili, Kreuzkümmel, Paprikapulver und Cayennepfeffer zufügen und 2 Minuten anbraten. Dann Linsen und Tomatenmark zufügen und kurz anschwitzen. Mit dem Rotwein ablöschen. Tomaten und Gemüsebrühe zugeben und alles zugedeckt 30 Minuten köcheln lassen, bis die Linsen weich sind.
3. Inzwischen Bohnen und Mais in ein Sieb abgießen, kalt abspülen und abtropfen lassen.
4. Bohnen, Mais, Schokolade und 2 TL Salz in das Chili rühren und nochmals aufkochen. Das Chili mit Pfeffer und eventuell Salz abschmecken.

Fertigstellen Das Chili auf vier Tellern anrichten. Mit Schmand und geschnittenen Frühlingszwiebeln zum Bestreuen servieren.

CHILI CON CARNE ASIA-STYLE

FÜR 4 PERSONEN

2 Zwiebeln
3 Knoblauchzehen
30 g Ingwer
400 g Süßkartoffeln
40 g getrocknete Aprikosen
3 EL Ghee (oder Butterschmalz)
600 g Rinderhackfleisch
Salz, Pfeffer
2 EL rote Currypaste
1 EL Tomatenmark
1 Dose ganze geschälte Tomaten (400 g)
800 ml Kokosmilch
150 g TK-Erbsen
Saft von 1 Limette

Chili

1. Zwiebeln, Knoblauch und Ingwer schälen. Die Zwiebeln in Würfel schneiden, Knoblauch und Ingwer fein hacken. Die Süßkartoffel schälen und in Würfel schneiden. Die Aprikosen vierteln.
2. Das Ghee in einem Topf erhitzen und das Hackfleisch darin bei mittlerer bis starker Hitze krümelig braun anbraten. Mit Salz und Pfeffer würzen. Zwiebeln, Knoblauch und Ingwer zugeben und bei mittlerer Hitze 3 Minuten mitbraten. Currypaste und Tomatenmark zufügen und unter Rühren kurz mitbraten. Dann Tomaten und Kokosmilch zugießen, das Chili aufkochen und zugedeckt 30 Minuten köcheln lassen.
3. Danach Süßkartoffeln, Aprikosen und Erbsen zugeben und 15 Minuten mitköcheln. Das Chili mit Salz und Limettensaft abschmecken.

Fertigstellen Das Chili auf vier Tellern anrichten und servieren.

WEIßES CHILI MIT HÄHNCHEN UND BOHNEN

FÜR 4 PERSONEN

2 Zwiebeln
3 Knoblauchzehen
1 grüne Peperoni
300 g Staudensellerie
3 EL Olivenöl
1 TL gemahlener Kreuzkümmel
1 TL gemahlener Koriander
100 ml Weißwein
250 ml Gemüsebrühe
Salz
400 g Hähnchenbrustfilet
700 g Cannellini-Bohnen (aus der Dose)
600 g Mais (aus der Dose)
200 g Frischkäse
abgeriebene Schale und Saft von 1 Limette
Pfeffer

Chili

1. Zwiebeln und Knoblauch schälen und fein würfeln. Die Peperoni waschen, putzen und in Ringe schneiden. Den Staudensellerie waschen, putzen und in Würfel schneiden.
2. Das Olivenöl in einem Topf erhitzen und die Zwiebeln darin in 2 Minuten glasig andünsten. Knoblauch, Peperoni, Staudensellerie, Kreuzkümmel und Koriander zugeben und 3 Minuten braten. Mit dem Weißwein ablöschen und aufkochen. Die Gemüsebrühe und 2 TL Salz zufügen.
3. Das Hähnchenfilet mit Küchenpapier trocken tupfen, in die Brühe legen und 10 Minuten darin pochieren. Bohnen und Mais in ein Sieb abgießen, kalt abspülen und abtropfen lassen.
4. Das Filet aus der Brühe nehmen und mit zwei Gabeln entlang der Faser zerpflücken. Dann mit Bohnen und Mais zurück in die Brühe geben und alles einmal aufkochen.
5. Frischkäse, Limettenschale und -saft in das Chili rühren. Mit Salz und Pfeffer abschmecken.

Fertigstellen Das Chili auf vier Tellern anrichten und servieren.

POLIZEI-HUBSCHRAUBER-STAFFEL

/ BAYERISCHE BEREITSCHAFTSPOLIZEI

POLIZEI-HUBSCHRAUBER-STAFFEL

WER WIR SIND

Bei der Polizeihubschrauberstaffel Bayern (PHuStBy) handelt es sich um eine Unterstützungseinheit der Bayerischen Polizei. Polizeiliche Einsatzleiter oder Sachbearbeiter können über die zuständigen Einsatzzentralen der Polizeipräsidien einen Polizeihubschrauber anfordern. Hierbei spielt es keine Rolle, ob der Helikopter zur Strafverfolgung, zum Beispiel bei einer Fahndung, oder zur Gefahrenabwehr, beispielsweise bei einer Vermisstensuche, angefordert wird. Im Bereich der Gefahrenabwehr ist zudem eine Anforderung durch die Integrierten Leitstellen, zum Beispiel bei einem Verletztentransport, möglich. Egal um welchen Einsatz es sich handelt, die Besatzungen der PHuStBy sind 24 Stunden am Tag, 365 Tage im Jahr einsatzbereit. Sie arbeiten im Einsatzfall nicht nur mit den Streifenbesatzungen, der Alpinen Einsatzgruppe oder den Spezialeinheiten der Polizei zusammen, sondern auch mit den Kräften der Bergwacht, der Feuerwehr, der Wasserwacht oder des Rettungsdienstes. An den beiden Standorten am Flughafen München und der Außenstelle in Roth bei Nürnberg sind 120 Beschäftigte im fliegerischen Dienst, der Technik und der Verwaltung tätig.

WAS WIR MACHEN

Das Einsatzspektrum der PHuStBy ist aufgrund der geografischen Lage Bayerns das vielfältigste aller Polizeihubschrauberstaffeln der Länder der Bundesrepublik Deutschland. Es reicht von Vermisstensuchen nach abgängigen, verwirrten oder suizidgefährdeten Personen über die Personen- und Sachfahndung bis hin zur Aufklärung polizeilicher Einsatzlagen mit der Möglichkeit der Bildübertragung; der Beweissicherung durch digitale Fotografie und/oder Videoaufnahmen nach schweren Unfällen, größeren Schadensereignissen und Straftaten; dem Transport von Spezialkräften, zum Beispiel des Spezialeinsatzkommandos, der Alpinen Einsatzgruppe der Polizei,

»EGAL UM WELCHEN EINSATZ ES SICH HANDELT, DIE BESATZUNGEN DER POLIZEI-HUBSCHRAUBER-STAFFEL BAYERN SIND 24 STUNDEN AM TAG AN 365 TAGEN IM JAHR EINSATZBEREIT.«

der Bergwacht oder der Feuerwehr; dem Objekt- und Personenschutz; der Berg-, Wasser- und Eisrettung; dem Verletzten-, Notarzt- oder Kindernotarzttransport; der Unterstützung im Katastrophenfall beispielsweise bei einem Hochwasser; der Brandbekämpfung durch Löscheinsätze oder die Lokalisierung von Brandherden mittels Wärmebildkamera und der Feststellung von Umweltstraftaten.

DAS STEHT UNS ZUR VERFÜGUNG

Die PHuStBy verfügt aktuell an den beiden Standorten über acht Hubschrauber des Typs EC 135 P3. Ab 2023 werden es neue Helikopter des Musters Airbus Helicopter 145 D3 sein.

Bei den derzeitigen Maschinen handelt es sich um leichte Mehrzweckhubschrauber mit zwei leistungsstarken Triebwerken und modernster Technologie. Aufgrund des umfangreichen Einsatzspektrums werden in München und Roth unterschiedliche Konfigurationen mit entsprechender Zusatzausrüstung (Rettungswinde, Video-/Wärmebildkamerasystem, Suchscheinwerfer oder Lasthaken) vorgehalten.

Verletztenbergung mit Seilwinde am Königssee.

Transporteinsatzmaschine bei Waldbränden und Begleitung einer geschlossenen Einheit der Polizei bei einer Walddurchsuchung.

MICHAEL FÜR DIE POLIZEIHUBSCHRAUBER-STAFFEL BAYERN

Nach meiner Ausbildung von 1988 bis 1991 verrichtete ich meinen Dienst unter anderem bei der Einsatzhundert-schaft sowie der Kradstaffel der I. BPA München, dem Einsatz-zug der Polizeidirektion Weilheim und der Polizeiinspektion Garmisch-Partenkirchen. Dort war ich als Streifenbeamter so-wie als Jagdsachbearbeiter tätig und unterstützte zudem die Kriminalpolizeistation Garmisch-Partenkirchen als Rausch-giftermittler sowie als Mitarbeiter der Soko „Zugspitze" die Grenzpolizeiinspektion Garmisch-Partenkirchen. Nach meiner Versetzung zur PHuStBy absolvierte ich von Oktober 1997 bis Ja-nuar 1999 den Lehrgang für Piloten und Flugtechniker bei der Flugschule der Firma Eurocopter in Kassel. Im Anschluss wurde ich in München bei der PHuStBy dienstlich „sesshaft". Mit einer kurzen Unterbrechung von 2005 bis 2007 (Studium an der Beamtenfach-hochschule) bin ich seither als Flugtechniker und seit 2013 als Sachbearbeiter Öffentlichkeitsarbeit tätig.

Werden wir mit unseren Polizeihubschraubern zu einem Ein-satz angefordert, so gehen wir entweder zu zweit – Pilot und Flugtechniker – mit dem Winden- oder Transporthubschrauber oder zu dritt – Pilot, Flugtechniker und EOS-Operator – mit der EOS-Maschine in den Einsatz. (EOS steht übrigens für Electro Optical System, also kurz gesagt für die Wärmebildkamera.) Der Pilot ist für die fliegerischen Belange zuständig. Er führt das Luft-fahrzeug und ist für den Flugfunk zuständig. Der EOS-Operator ist für die Bedienung des Video- und Wärmebildkamerasystems, die Livebildübertragung in die Einsatzzentralen oder an die Führungs-stäbe und die Aufzeichnung zur Beweissicherung verantwortlich. Meine Aufgabe an Bord ist es, die Navigation durchzuführen, mit den polizeilichen Einsatzkräften oder den eingesetzten Kräften der Bergwacht, der Wasserwacht, der Feuerwehr oder des Rettungs-dienstes über Funk zu kommunizieren oder die Zusatzausrüstung

STECKBRIEF

NAME: Michael

ALTER: 55 Jahre

EINHEIT: PHuStBy

TÄTIGKEIT: Flugtechniker

wie die Rettungswinde, den Außenlastträger oder in der Nacht den Suchscheinwerfer zu bedienen. Wenn es ein Rettungseinsatz mit der Winde (bei Außenlastflügen oder im Fall des Brandlöschens) erfordert, stehe ich – im Hubschrauber gesichert – auf der Kufe und spreche den Piloten ein, da für diesen die Einsatzstelle nicht mehr sichtbar ist, sobald wir mit dem Hubschrauber darüber stehen. In diesem Falle bedarf es einer höchst konzentrierten und präzisen Zusammenarbeit zwischen meinem Piloten und mir.

Da sich die Polizeihubschrauberstaffel Bayern zum größten Teil selbst verwaltet, müssen alle Besatzungsmitglieder außerhalb des Flugdienstes Verwaltungsaufgaben übernehmen. Mein Aufgabenbereich ist die Öffentlichkeitsarbeit. So organisiere ich sowohl die polizeiinternen Schulungen der zukünftigen Sachbearbeiter und Einsatzleiter (Ausbildungsseminare, Aufsteiger gehobener Dienst sowie für alle interessierten Polizeidienststellen) als auch der Disponenten der Integrierten Leitstellen und stelle diesem Personenkreis mit meinen Mitarbeitern das polizeiliche Einsatzmittel Hubschrau-

Mobile Start- und Landeplattform des Polizeihubschraubers vor dem Hangar am Flughafen München.

MICHAEL IST ALS FLUG-TECHNIKER EIN WICHTIGER TEIL DER DREI-KÖPFIGEN HUB-SCHRAUBER-BESATZUNG.

ber vor. Des Weiteren umfasst mein Sachbereich die Pressearbeit der PHuStBy in enger Abstimmung mit der Dienststellenleitung und der Pressestelle des Präsidiums der Bayerischen Bereitschaftspolizei.

WARUM MACHE ICH MIT?

Bei mir stellte sich zunächst die Frage, was die Polizei mit Kochen zu tun hat. Und so erinnerte ich mich an einen Spruch, der so ziemlich allen Institutionen bekannt sein dürfte, die sich regelmäßig im Einsatzgeschehen befinden: „Ohne Mampf kein Kampf!" Während der Ausbildung sind die Kantinen für die Verpflegung zuständig. Sind die Ausbildung und der Dienst bei den Einsatzhundertschaften beendet, ist grundsätzlich jeder für sich selbst verantwortlich. Und da ich mich jährlich zu einer fliegerärztlichen Untersuchung begeben muss, versuche ich, mich gesund und ausgewogen zu ernähren. Kochen ist zwar jetzt nicht gerade ein bevorzugtes Hobby von mir, und ich schaffe es mit Sicherheit nicht zum Sternekoch, aber über meine „Kochkünste" hat sich bisher zumindest noch niemand beschwert. Da ich sehr gern Wild esse, wegen des Aufwands jedoch zu Hause nicht koche, hoffe ich, dass ich ein Rezept für eine leichte und nicht allzu aufwendige Zubereitung eines Reh- oder Hirschbratens erhalte.

HIRSCHBRATEN IN
WALDPILZSAUCE
MIT BLAUKRAUT UND SPÄTZLE (S. 210/211)

FÜR 4 PERSONEN

Für den Hirschbraten

1 Bund Suppengrün
1 Zwiebel
1–1,2 kg Hirschfleisch (aus der Keule)
Gewürzmischung (aus 5 Lorbeer-
blättern, 10 Wacholderbeeren,
10 Gewürznelken, 1 TL Senfkörnern)
1 Zweig frischer Beifuß
2 EL Aceto balsamico
1 l Rotwein
Salz, Pfeffer
1 Saucenlebkuchen
Butterschmalz zum Braten
2 EL Tomatenmark
1 EL Senf
4 EL Preiselbeerkonfitüre, plus mehr
für die Garnitur
200 ml Orangensaft
150 g Crème fraîche

Für die Waldpilzsauce

500 g Waldpilze (frisch oder TK)
1 Zwiebel
1 Bund Schnittlauch
Butter zum Braten
Salz, Pfeffer
1 Schuss Rotwein (nach Belieben)

Hirschbraten

1. Das Suppengrün putzen, waschen und in Würfel schneiden. Die Zwiebel schälen und würfeln. Das Fleisch mit Suppengrün, Zwiebel, Gewürzmischung, Beifuß und Aceto balsamico in eine Schüssel geben. Mit dem Rotwein übergießen und zugedeckt mindestens 48 Stunden im Kühlschrank beizen. Dabei das Fleisch nach 24 Stunden wenden.

2. Danach das Fleisch aus der Marinade nehmen, abtropfen lassen und mit Salz und Pfeffer würzen. Den Sud durch ein Sieb abgießen und beiseite-stellen. Suppengrün-Gewürz-Mischung im Sieb ebenfalls beiseitestellen. Den Saucenlebkuchen in Würfel schneiden.

3. Etwas Butterschmalz in einem Topf erhitzen und das Fleisch darin rundum anbraten. Herausnehmen und beiseitestellen. Dann die Suppengrün-Gewürz-Mischung im Bratfett anbraten. Tomatenmark, Senf und Preiselbeerkonfitüre einrühren. Mit dem Sud und dem Orangensaft ablöschen. Die Hälfte der Crème fraîche zugeben und alles mit einem Schneebesen gut verrühren.

4. Den Saucenlebkuchen zufügen, das Fleisch in den Sud legen und in 1–1 ½ Stunden bis zur gewünschten Garstufe schmoren lassen. Danach 1 l Kochsud abnehmen, durch ein Sieb gießen und für die Waldpilzsauce verwenden.

Waldpilzsauce

1. Die Waldpilze bei Bedarf mit einem Tuch abreiben und putzen (TK-Pilze auftauen lassen). Die Zwiebel schälen und in feine Würfel scheiden. Den Schnittlauch waschen, trocken schütteln und in Röllchen schneiden. Die Hälfte davon für die Garnitur beiseitelegen.

2. Die Butter in einem Topf erhitzen und die Pilze darin anschwitzen. Zwiebel und übrige Schnittlauchröllchen zufügen. Den abgenommenen Kochsud einrühren und aufkochen lassen. Die Sauce etwas ziehen lassen, dann mit Salz, Pfeffer und nach Belieben mit Rotwein abschmecken.

BLAUKRAUT UND SPÄTZLE

FÜR 4 PERSONEN

Für das Blaukraut

Gewürzmischung (aus 5 Lorbeer-
blättern, 10 Wacholderbeeren,
10 Gewürznelken, 1 TL Kümmelsamen, 1 TL Senfkörnern)
1 kleiner Kopf Blaukraut (1 kg)
1 Zwiebel
1 Apfel
300 ml Rotwein
3 EL Preiselbeerkonfitüre
3 EL Rotweinessig
Salz, Pfeffer
1 Prise frisch geriebene Muskatnuss
1 Prise gemahlener Zimt
1 Prise Zucker
Butterschmalz (oder Gänseschmalz)
zum Braten
3 EL Langkornreis

Für die Spätzle

500 g Mehl
Salz, Pfeffer
1 Prise frisch geriebene Muskatnuss
5 Eier (Gr. M)
200 ml Mineralwasser mit
Kohlensäure
2 EL Öl
Butter zum Braten
Spätzlepresse (oder Spätzlehobel)

Blaukraut

1. Am Vortag 1,5 l Wasser mit den Gewürzen in einem Topf aufkochen und 20–30 Minuten sanft köcheln lassen. Den Gewürzsud danach durch ein Sieb abgießen und die Gewürze entfernen.

2. Das Blaukraut putzen, vierteln und den Strunk entfernen. Die Viertel in feine Streifen hobeln oder schneiden. Die Zwiebel schälen und in kleine Würfel schneiden. Den Apfel schälen, achteln und entkernen. Die Achtel in feine Scheiben schneiden.

3. Blaukraut, Zwiebel und Äpfel in eine große Schüssel geben. Gewürzsud, Rotwein, Preiselbeerkonfitüre und Essig zugeben. Mit Salz, Pfeffer, Muskatnuss, Zimt und Zucker würzen. Alles kräftig durchmischen und das Kraut 24 Stunden ziehen lassen.

4. Am nächsten Tag das Blaukraut durch ein Sieb abgießen und den Sud auffangen. Etwas Butterschmalz in einem Topf erhitzen und das Kraut darin anschwitzen. Mit dem Sud ablöschen und den Reis einrühren. Das Kraut dann zugedeckt bis zur gewünschten Garstufe schmoren lassen. Falls zu wenig Flüssigkeit vorhanden ist, noch etwas Rotwein nachgießen. Das Blaukraut zuletzt mit Salz, Pfeffer, Muskatnuss, Zimt und Zucker abschmecken.

Spätzle

1. Das Mehl in eine Schüssel sieben. 1 TL Salz, 1 Prise Pfeffer, Muskatnuss, Eier und Mineralwasser zufügen und alles mit dem Handrührgerät mit Knethaken zu einem zähflüssigen Teig verkneten.

2. In einem Topf Salzwasser mit 1 EL Öl aufkochen. Eine Portion Teig in die Spätzlepresse füllen und in das kochende Wasser drücken. Aufkochen, bis die Spätzle an der Oberfläche schwimmen. Diese dann mit einem Sieblöffel herausnehmen und in eine Schüssel mit kaltem Wasser legen. So fortfahren, bis der Teig aufgebraucht ist.

3. Zuletzt alle Spätzle in ein Sieb geben und kalt abschrecken, bis sie ausgekühlt sind. Gut abtropfen lassen, dann das übrige Öl (1 EL) untermischen, damit die Spätzle nicht zusammenkleben.

4. Etwas Butter in einer Pfanne erhitzen und die Spätzle darin bis zur gewünschten Bräune anbraten. Dabei mit Salz und Muskatnuss würzen.

Fertigstellen Den Braten in Scheiben schneiden und mit etwas Waldpilz-sauce auf vier Tellern anrichten. Die restliche Crème fraîche (75 g) in Klecksen darauf verteilen. Mit Preiselbeerkonfitüre garnieren und mit dem restlichen Schnittlauch bestreuen. Den Hirschbraten mit Blaukraut und Spätzle servieren.

GESCHNETZELTES VOM HIRSCH IN PREISELBEER-RAHMSAUCE

FÜR 2 PERSONEN
400 g Hirschrücken
1 Schalotte
150 g Champignons
1 Bund Kerbel (15 g)
Öl zum Braten
100 ml Weißwein
100 ml Rinderfond
40 g Preiselbeerkonfitüre
60 g Crème fraîche
Salz, Pfeffer

Geschnetzeltes
1. Eventuell verbliebene Sehnen vom Hirschrücken entfernen. Das Fleisch dann in Streifen schneiden. Die Schalotte schälen und in Streifen schneiden. Die Champignons bei Bedarf mit einem Tuch abreiben, putzen und vierteln. Den Kerbel waschen, trocken schütteln und fein schneiden.
2. Etwas Öl in einer Pfanne sehr heiß werden lassen und das Fleisch darin portionsweise scharf anbraten. Herausnehmen und beiseitestellen.
3. Wieder etwas Öl in der Pfanne erhitzen und Schalotte und Champignons darin anbraten. Mit dem Weißwein ablöschen, den Rinderfond zugießen und etwas einkochen lassen. Danach Preiselbeerkonfitüre und Crème fraîche einrühren.
4. Das Fleisch in die Sauce geben und darin erwärmen. Das Geschnetzelte zuletzt mit Salz und Pfeffer würzen und den Kerbel unterheben.

Fertigstellen Das Geschnetzelte auf zwei Tellern anrichten. Mit Spätzle servieren.

HIRSCHGULASCH

FÜR 2 PERSONEN
100 g Bauchspeck
2 Zwiebeln
2 Möhren
100 g Knollensellerie
3 EL Öl
600 g Hirschgulasch (fertig geschnitten)
1 EL Tomatenmark
200 ml trockener Rotwein
500 ml Wildfond
1 Lorbeerblatt
5 Wacholderbeeren
3 Pimentkörner
½ TL Pfefferkörner

Hirschgulasch
1. Den Speck in Würfel schneiden, dabei die Schwarte entfernen. Zwiebeln, Möhren und Sellerie schälen und klein würfeln.
2. Das Öl in einem Schmortopf erhitzen und das Fleisch darin portionsweise rundum scharf anbraten. Herausnehmen und beiseitestellen.
3. Speck und Zwiebeln in den Topf geben und 5 Minuten im Bratfett anbraten. Dann Möhren und Sellerie zufügen und 2 Minuten anschwitzen. Das Tomatenmark einrühren und ebenfalls anschwitzen. Das Röstgemüse mit dem Rotwein ablöschen und diesen etwas einkochen lassen.
4. Den Wildfond zugießen und das Fleisch zugeben. Lorbeerblatt, Wacholderbeeren, Piment- und Pfefferkörner in ein Gewürzsäckchen füllen, verschließen und ebenfalls in die Sauce legen. Das Gulasch dann zugedeckt 1 ½–2 Stunden garen.

Fertigstellen Das Gulasch auf zwei Tellern anrichten und mit Spätzle servieren.

HIRSCHKLÖßCHEN NACH JÄGERART

FÜR 2 PERSONEN

20 g Semmelbrösel
20 ml Milch
1 Zwiebel
1 EL Butter
300 g Hirschhackfleisch
100 g Schweinehackfleisch
1 EL Senf
1 Ei
Salz, Pfeffer
¼ TL frisch geriebene Muskatnuss
¼ TL gemahlenes Piment
Öl zum Braten
2 EL Mehl
100 ml Geflügelfond
150 g Sahne
3 EL Sojasauce
gehackte Petersilie zum Bestreuen
Preiselbeerkonfitüre zum Servieren

Hirschklößchen

1. Den Backofen auf 100 °C vorheizen. Semmelbrösel und Milch in einer Schüssel verrühren. Die Zwiebel schälen und in feine Würfel schneiden. Die Butter in einer beschichteten Pfanne erhitzen und die Zwiebel darin glasig anschwitzen.

2. Hirschhackfleisch, Schweinehackfleisch, eingeweichte Semmelbrösel, Zwiebel, Senf und Ei in einer Schüssel vermischen. Mit ½ TL Salz, Pfeffer und der Hälfte von Muskatnuss und Piment würzen. Dann aus der Hackfleischmasse mit angefeuchteten Händen tischtennisballgroße Bällchen formen.

3. Etwas Öl in der Pfanne erhitzen und die Fleischbällchen darin rundum scharf anbraten. Im Backofen warm halten.

4. Das Mehl in die Pfanne geben und unter Rühren im Bratfett anrösten. Mit dem Geflügelfond ablöschen, Sahne und Sojasauce zugeben und etwas einkochen lassen. Die Sauce mit Salz, Pfeffer, übriger Muskatnuss und Piment würzen. Die Fleischbällchen in die Sauce legen.

Fertigstellen Die Fleischbällchen mit der Sauce auf zwei Tellern anrichten. Mit Petersilie bestreuen und mit Preiselbeerkonfitüre servieren. Dazu schmecken Spätzle.

POLIZEI-
ORCHESTER
BAYERN

Bild: Orchesterbild aus der BMW Welt (© Tobias Epp/Bayerische Bereitschaftspolizei)

POLIZEIORCHESTER BAYERN

WER WIR SIND

Das Polizeiorchester Bayern mit Sitz in der Landeshauptstadt München ist das professionelle sinfonische Blasorchester der Bayerischen Polizei. Es wurde 1951 gegründet und kann in seiner über 70-jährigen Geschichte auf eine bewegte Entwicklung zurückblicken. Aus ursprünglich 30 Polizisten entwickelte sich im Laufe der Jahrzehnte ein konzertantes Blasorchester mit 45 studierten Berufsmusikerinnen und -musikern. Seit 2006 steht das Polizeiorchester Bayern unter der Leitung von Professor Johann Mösenbichler, Generalmusikdirektor der Bayerischen Polizei.

WAS WIR MACHEN

Das Polizeiorchester Bayern versteht sich als Bindeglied zwischen Polizei und Bürgerinnen und Bürgern. Es stellt sich in den Dienst der guten Sache, indem es in Kooperation mit Veranstaltern aus ganz Bayern und über die Landesgrenzen hinaus jährlich rund 50 Benefizkonzerte zu sozialen, karitativen und kulturellen Zwecken spielt. Für diese Wohltätigkeitsveranstaltungen in Zusammenarbeit mit Vereinen, Stiftungen sowie Kultur- und Tourismusämtern steht das Orchester dem Veranstalter honorarfrei zur Verfügung. Der Reinerlös kommt einem oder mehreren gemeinnützigen Projekten zugute.

> **»WIE DIE BEREITSCHAFTSPOLIZEI IST DAS POLIZEIORCHESTER DAS GANZE JAHR ÜBER FÜR UNSERE BÜRGERINNEN UND BÜRGER IM EINSATZ. MIT SEINEN 45 STUDIERTEN MUSIKERINNEN UND MUSIKERN TRÄGT ES NACHHALTIG ZUR IMAGEPFLEGE, BÜRGERNÄHE UND NACHWUCHSGEWINNUNG BEI.«**
>
> PP Udo Skrzypczak

Jazz-Ensemble (© Tobias Epp/
Bayerische Bereitschaftspolizei)

WO WIR AUFTRETEN

Das Polizeiorchester Bayern ist einerseits für die Öffentlichkeitsarbeit der Bayerischen Polizei zuständig, indem es zur Imagepflege, Bürgernähe, Nachwuchsgewinnung sowie Kinder- und Jugendprävention beiträgt. Darüber hinaus wird der Klangkörper durch die Bayerische Staatsregierung und das Bayerische Staatsministerium des Innern, für Sport und Integration zu repräsentativen Anlässen eingesetzt. Um diesen vielfältigen Funktionen gerecht zu werden, ist das Polizeiorchester Bayern bestrebt, Konzerte an möglichst vielen verschiedenen Orten – von Mehrzweckhallen über Kirchen bis zu großen Konzertsälen – zu gestalten und damit ein breites Publikum anzusprechen und zu begeistern.

DAS POB IN KÜRZE:

- Besetzung: 45 studierte Musikerinnen und Musiker aus 14 Nationen

- Dirigent: Prof. Johann Mösenbichler, Generalmusikdirektor der Bayerischen Polizei

- Circa eine CD-Einspielung pro Jahr, zuletzt „Himmlische Klangfarben" (2022)

- Höchster erspielter Spenden-Jahreserlös für den guten Zweck bisher: 323.000 Euro (2019)

JUAN SEBASTIÁN FÜR DAS POLIZEIORCHESTER BAYERN

Mein Name ist Juan Sebastián. Ich wurde im November 1972 als zweites von insgesamt fünf Kindern in Panama-Stadt geboren. Meine Mutter stammt aus einer ursprünglich spanisch-italienischen Familie, die vor mehr als 300 Jahren nach Panama ausgewandert ist. Sie arbeitete bis zu ihrer Pensionierung als Mathematikprofessorin an der bedeutendsten Universität Panamas, der Universidad de Panamá.

Mein Vater, der aus Honduras kommt, war als Buchhalter und Steuerberater tätig. Er ist ein großer Bewunderer klassischer Musik, daher auch mein Vorname Juan Sebastián, der vom berühmten Komponisten Johann Sebastian Bach inspiriert ist. Während meiner gesamten Kindheit wurde bei uns zu Hause ausschließlich klassische Musik gehört.

Dennoch waren meine Eltern zunächst nicht begeistert von meiner Idee, die Musik zu meinem Beruf zu machen. Sie hätten sich für mich eine Laufbahn als Ingenieur gewünscht. Daher begann ich ein Maschinenbaustudium, das ich aber nach zwei Jahren abbrach, da ich merkte, dass mich der Traum, Musiker zu werden, nicht losließ. Um mein nachfolgendes Musikstudium eigenständig finanzieren zu können, arbeitete ich parallel für ein Jahr als Flugbegleiter und Ökotourismus-Führer, bis ich schließlich eine Stelle beim Orquesta Sinfónica Nacional bekam. Dort spielte ich sieben Jahre lang, bis ich eines Tages eine Aufnahme von Ludwig Streicher, einem der berühmtesten Kontrabassisten aller Zeiten, entdeckte. Meine Bewunderung für ihn war so grenzenlos, dass ich unbedingt nach Europa reisen wollte, um Ludwig Streicher persönlich zu treffen und von ihm zu lernen.

STECKBRIEF

NAME: Juan Sebastián

ALTER: 50 Jahre

EINHEIT: Polizeiorchester Bayern

TÄTIGKEIT: Kontrabassist

LIEBLINGSKOMPONIST: Gustav Mahler

LIEBLINGSEISSORTE: Jobo-Eis nach Art meiner Oma (Gelbe Mombinpflaume)

Einen Monat später fand ich mich in den Straßen Wiens auf dem Weg zu Ludwig Streicher wieder. Leider war er zum damaligen Zeitpunkt schon sehr alt und bereits im Ruhestand. Streicher empfahl mir Wolfgang Harrer, seinen ehemaligen Assistenten, der zu jener Zeit Professor an der Hochschule für Musik Saar (Saarbrücken) war.

Nach bestandener Aufnahmeprüfung erhielt ich ein zweijähriges Stipendium für mein Auslandsstudium von meinem damaligen Arbeitgeber, dem Orquesta Sinfónica Nacional. Ursprünglich war mein Aufenthalt für zwei Jahre geplant, daraus wurden schließlich drei und mittlerweile 22 Jahre.

Wenige Jahre nach meiner Ankunft in Europa lernte ich meine Münchner Frau kennen, bekam mit ihr drei wunderschöne Kinder und musizierte seitdem in etlichen Orchestern und Ländern dieser Welt. Dank der glücklichen Fügung des Schicksals wurde vor neun Jahren eine Kontrabassstelle beim Polizeiorchester Bayern frei, die ich seitdem als stolzes und dankbares Mitglied bekleide. Nicht nur musikalisch fühle ich mich äußerst bereichert durch meine Arbeit im Polizeiorchester, sondern auch auf menschlicher Ebene wurde mein Horizont durch viele wertvolle Freundschaften erweitert. Auch der Einblick in die Vielfalt der Bayerischen Polizei fasziniert mich immer wieder aufs Neue.

Schon als kleines Kind habe ich mich sehr für die Küche interessiert. Ich durfte zwar offiziell nicht selbst kochen, da man als Junge ja nichts in der Küche verloren hatte, lernte aber sehr viel beim Zusehen und Kosten. Viele meiner Lieblingsrezepte stammen von Amelia, der Haushälterin aus meiner Kindheit. Wenn mein Vater es nicht mitbekam, half ich oft heimlich in der Küche mit. Natürlich genießt mein Vater heute meine Gerichte voller Stolz und Anerkennung, und die frühere Ablehnung ist Schnee von gestern.

Meine Mutter ist ebenfalls eine begnadete Köchin, genau wie meine Großmutter es war, deren Vorfahren aus Norditalien stammten. Die Eisrezepte meiner Großmutter sind für mich einfach unschlagbar.

Auch von meinem Onkel, dem Gründer und Besitzer eines der berühmtesten und traditionsreichsten Restaurants für die panamaische Küche in Panama, konnte ich viel lernen.

Bevor ich zum Polizeiorchester kam, spielte ich häufig in Italien. Dort hatte ich viele kulinarische Erlebnisse, die meinen Gaumen maßgeblich prägten. Außerdem erhielt ich einige Tipps zur Zubereitung traditioneller italienischer Gerichte, die innerhalb der Familien über Generationen überliefert worden waren. Es muss aber nicht immer italienisches Essen sein. Sehr gern genieße ich auch Roastbeef, wenn es rosa gebraten ist und mit Kräutern und einer passenden Sauce serviert wird. Über die Jahre experimentierte ich viel mit verschiedenen Rezepten, Erinnerungen und Techniken. Kochen ist ein ausgesprochen wichtiger Teil meines Lebens, und das möchte ich gern auch an meine Kinder weitergeben. So wie die Liebe zur Musik, zur Literatur und die Freude am Leben.

DAS POLIZEIORCHESTER BAYERN IST DAS PROFESSIONELLE SINFONISCHE BLASORCHESTER DER BAYERISCHEN POLIZEI. UNTERWEGS FÜR DEN GUTEN ZWECK SPIELT DAS ORCHESTER RUND 50 BENEFIZKONZERTE PRO JAHR.

Meisterkoch trifft Meisterbassist: Juan Sebastián zeigt Alexander Herrmann die richtige Bogenhaltung.

ROASTBEEF UNTER KRÄUTER-SENF-KRUSTE
MIT SAUCE BÉARNAISE UND BRATKARTOFFELN

FÜR 4 PERSONEN

Für die Kräuter-Senf-Kruste
75 g weiche Butter
1 Eigelb
3 EL körniger Senf
(oder mittelscharfer Senf)
100 g Semmelbrösel
Salz, Pfeffer
5 EL frisch gehackte Kräuter
(z. B. Petersilie, Majoran und Thymian)

Für das Roastbeef
1,2 kg Roastbeef am Stück
Salz, Pfeffer
Butterschmalz zum Braten

Für die Bratkartoffeln
1 kg Kartoffeln
1 Zwiebel
Butterschmalz zum Braten
Salz, Pfeffer
2 EL frisch gehackte Petersilie

Für die Sauce béarnaise
200 g Butter
1 Schalotte
2–4 Stängel Estragon
2–4 Stängel Kerbel
3 EL Estragonessig
(oder Weißweinessig)
6 Pfefferkörner
3 Eigelb
1 Spritzer Zitronensaft
Salz
1 Prise Cayennepfeffer

Außerdem
Fleischthermometer

Kräuter-Senf-Kruste
Butter und Eigelb schaumig rühren. Senf und Semmelbrösel unterrühren. Die Masse soll nicht zu trocken sein, eventuell weniger Semmelbrösel verwenden. Die Masse mit Salz, Pfeffer und Kräutern abschmecken.

Roastbeef
1. Den Backofen auf 100 °C vorheizen. Das Roastbeef mit Salz und Pfeffer würzen. Etwas Butterschmalz in einer Pfanne erhitzen und das Fleisch darin von allen Seiten gut anbraten.
2. Das Roastbeef mit der Kräuter-Senf-Masse bestreichen. Auf ein Ofengitter legen und das Fleischthermometer vorsichtig in die Mitte stecken. Das Gitter in den Ofen (Mitte) schieben und ein Backblech als Tropfschutz darunter einschieben. Das Roastbeef 45–60 Minuten bis zu einer Kerntemperatur von 55 °C (rosa) braten. Aus dem Ofen nehmen und kurz ruhen lassen.

Bratkartoffeln
1. Die Kartoffeln waschen und in kochendem Wasser weich garen. Abgießen, heiß pellen und auskühlen lassen. Dann in Scheiben schneiden. Die Zwiebel schälen und würfeln.
2. Etwas Butterschmalz in einer Pfanne erhitzen und die Kartoffeln darin goldbraun braten. Die Hitze etwas reduzieren und die Zwiebel kurz mitbraten. Die Bratkartoffeln mit Salz und Pfeffer würzen und die Petersilie untermischen.

Sauce béarnaise
1. Die Butter in einem Topf schmelzen und etwa 5 Minuten köcheln lassen. Dann das ausgetretene Molkeneiweiß von der Oberfläche abschöpfen und die geklärte Butter lauwarm abkühlen lassen.
2. Die Schalotte schälen und fein würfeln. Estragon und Kerbel waschen, trocken schütteln und die Blätter fein schneiden. Die Schalottenwürfel mit Essig, 6 EL Wasser und Pfefferkörnern in einem Topf aufkochen und auf die Hälfte einkochen lassen. Den Sud durch ein Sieb in eine Metallschüssel abgießen und etwas abkühlen lassen.
3. In einem Topf etwas Wasser für das Wasserbad erhitzen. Die Eigelbe zum Sud geben, die Schüssel auf das Wasserbad setzen und alles mit einem Schneebesen cremig aufschlagen. Dabei darauf achten, dass die Masse nicht zu heiß wird. Die Schüssel vom Topf nehmen und die geklärte Butter in einem dünnen Strahl unter die Eigelbmasse rühren. Die Sauce mit Zitronensaft, Salz, Cayennepfeffer und den Kräutern abschmecken.

Fertigstellen Das Roastbeef in Scheiben schneiden. Mit den Bratkartoffeln und der Sauce béarnaise servieren.

ROASTBEEF-STEAKS MIT PFEFFER-COGNAC-SAUCE

FÜR 2 PERSONEN
Für die Steaks
2 Roastbeef-Steaks (à 200 g)
1 TL schwarze Pfefferkörner
Salz
Öl zum Braten

Für die Pfeffer-Cognac-Sauce
1 Schalotte
1 EL Butter
100 ml Cognac
150 g Sahne

Steaks

1. Die Steaks Raumtemperatur annehmen lassen. Die Pfefferkörner grob zerstoßen.
2. Den Backofen auf 120 °C vorheizen. Die Steaks von beiden Seiten salzen und mit dem zerstoßenen Pfeffer einreiben. Das Öl in einer Pfanne erhitzen und die Steaks darin von beiden Seiten scharf anbraten. Dann auf einem Backblech im Ofen in 15 Minuten gar ziehen lassen.

Pfeffer-Cognac-Sauce

Die Schalotte schälen und in feine Würfel schneiden. Die Butter in der Pfanne erhitzen und die Schalotte darin anbraten. Mit Cognac ablöschen, diesen flambieren und einreduzieren lassen. Danach die Sahne zugießen und die Sauce 2 Minuten köcheln lassen.

Fertigstellen Die Steaks auf zwei Tellern anrichten und mit der Pfeffer-Cognac-Sauce servieren.

ROASTBEEF KALT AUFGESCHNITTEN MIT REMOULADE

FÜR 2 PERSONEN
Für das Roastbeef
400 g Roastbeef am Stück

Für die Remoulade
1 EL Kapern (aus dem Glas)
1 Sardellenfilet
4–6 Cornichons (aus dem Glas)
4 Stängel Petersilie (5 g)
¼ Bund Schnittlauch (5 g)
1 Eigelb
1 TL Senf
1 Prise Zucker
Saft von ½ Zitrone
100 ml Öl
Salz, Pfeffer

Roastbeef

Das Roastbeef wie im Rezept rechts beschrieben garen und über Nacht auskühlen lassen.

Remoulade

1. Kapern und Sardellenfilet fein hacken, die Cornichons fein würfeln. Petersilie und Schnittlauch waschen, trocken schütteln und fein schneiden.
2. Das Eigelb mit Senf, Zucker und etwas Zitronensaft in einer Schüssel mit einem Schneebesen verrühren. Dann das Öl zuerst tröpfchenweise, dann in einem dünnen Strahl einrühren, bis eine cremige Mayonnaise entsteht.
3. Kapern, Sardellenfilet, Cornichons und Kräuter unterheben. Die Remoulade mit Salz, Pfeffer und dem übrigen Zitronensaft abschmecken.

Fertigstellen Das Roastbeef in dünne Scheiben schneiden und mit der Remoulade servieren.

ROASTBEEF MIT PAPRIKAGEMÜSE UND ROSMARIN

FÜR 2 PERSONEN

Für das Roastbeef

4 Zweige Rosmarin (5 g)
400 g Roastbeef am Stück
4 EL Olivenöl

Für das Paprikagemüse

2 rote Paprikaschoten
1 rote Zwiebel
1 Knoblauchzehe
40 g getrocknete Aprikosen
4 Zweige Rosmarin (5 g)
3 EL Olivenöl
40 ml Aceto balsamico
20 g Zucker
Salz, Pfeffer

Außerdem

Fleischthermometer

Roastbeef

1. Den Backofen auf 80 °C (Umluft) vorheizen. Den Rosmarin waschen, trocken schütteln und die Nadeln abzupfen. Eine Grillpfanne stark erhitzen und das Roastbeef darin kräftig anbraten. Auf einen Teller legen und beide Seiten mit je 2 EL Olivenöl beträufeln.

2. Ein großes Stück Frischhaltefolie auf die Arbeitsfläche legen. Das Roastbeef an eine Querseite setzen und den Rosmarin rundum verteilen. Das Fleisch dann drei- bis viermal straff in die Folie wickeln. Auf ein Ofengitter legen und das Fleischthermometer vorsichtig in die Mitte stecken. Das Roastbeef im Ofen (Mitte) etwa 50 Minuten bis zu einer Kerntemperatur von 54–55 °C (rosa) garen.

3. Das Roastbeef aus dem Ofen nehmen und kurz ruhen lassen. Dann auswickeln und die Rosmarinnadeln abstreifen. Das Roastbeef zurück in die Grillpfanne legen und unter mehrmaligem Wenden in 8 Minuten fertig grillen. Herausnehmen und auf einem Teller 5 Minuten ruhen lassen.

Paprikagemüse

1. Die Paprika waschen, halbieren, weiße Trennwände und Kerne entfernen. Die Hälften in Streifen schneiden. Die Zwiebel schälen und in Streifen schneiden. Den Knoblauch schälen und fein hacken. Die Aprikosen in Streifen schneiden. Den Rosmarin waschen, trocken schütteln und die Nadeln fein hacken.

2. Das Öl in einem Topf erhitzen und die Zwiebel darin glasig andünsten. Knoblauch, Aprikosen und Paprika zugeben und 3 Minuten anschwitzen. Mit Essig ablöschen, Zucker einrühren und das Gemüse zugedeckt 15 Minuten köcheln lassen. Mit Rosmarin, Salz und Pfeffer abschmecken.

Fertigstellen Das Roastbeef in dicke Scheiben schneiden und auf zwei Tellern anrichten. Mit dem Paprikagemüse servieren.

ALPINER EINSATZZUG

/ BERGFÜHRER
/ PP OBERBAYERN SÜD

BERGFÜHRER – ALPINER EINSATZZUG

»DIE PRAKTISCHE AUSBILDUNG UMFASST DAS KLETTERN IN FELS UND EIS, DIE BERG-RETTUNG, LAWI-NENKUNDE UND SKIHOCHTOUR SOWIE MODERNE TRENDSPORT-ARTEN WIE CANYONING UND HOCHSEIL-GARTEN.«

WER WIR SIND

Der Alpine Einsatzzug ist hinsichtlich der geografischen Bedingungen bei den Polizeipräsidien Oberbayern Süd sowie Schwaben Süd/West angesiedelt und in mehrere Alpine Einsatzgruppen (AEG) gegliedert. Das jeweilige Einsatzgebiet liegt im alpinen oder schwer zugänglichen Gelände, aber auch im Bereich der modernen Trendsportarten, bei denen alpintechnisches Fachwissen erforderlich ist. Aktuell gibt es auch vermehrt Einsätze im urbanen Bereich wie beispielsweise Personenbergungen von Autobahnbrücken.

Aus diesem Grund werden nur leistungsfähige und geeignete Polizeivollzugsbeamtinnen und -beamte zu staatlich geprüften Polizeibergführern, Sachbearbeitern für Berg- und Kletterunfälle oder zu Unterstützungskräften (sogenannte Alpinbeamte) ausgebildet.

WAS WIR MACHEN

Der Zuständigkeitsbereich umfasst das gesamte Spektrum polizeilicher Aufgaben im alpinen Bereich wie zum Beispiel die Aufnahme von Berg-, Ski- und Lawinenunfällen, Vermisstensuchen und vieles mehr. Darüber hinaus unterstützen wir auch die Dienststellen bei Vorgängen ohne Alpinbezug, etwa bei der Bergung einer Tatwaffe aus einem Brunnenschacht oder im urbanen Bereich.

WAS WIR BRAUCHEN

Die Mitglieder einer Alpinen Einsatzgruppe müssen über eine überdurchschnittliche körperliche Leistungsfähigkeit und umfassende alpine Erfahrungen verfügen. Die Zugehörigkeit erfordert eine besonders hohe Einsatzbereitschaft und setzt auch voraus, dass sich die Beschäftigten inner- und außerdienstlich durch entsprechendes Training leistungsfähig erhalten. Geeignete Beamtinnen und Beam-

Arbeiten, wo andere die Aussicht genießen: Das Gipfelkreuz der Zugspitze wird durch die alpine Einsatzgruppe zum Beispiel im Rahmen von politischen Veranstaltungen überwacht.

te können zum „staatlich geprüften Polizeibergführer" ausgebildet werden. Die praktische Ausbildung umfasst das Klettern in Fels und Eis, die Bergrettung, Lawinenkunde und Skihochtour sowie moderne Trendsportarten wie Canyoning und Hochseilgarten. Im breit gefächerten theoretischen Teil wird neben Wetterkunde, Umweltschutz, Skirecht, Orientierung und vielem anderen sehr intensiv auf die Unfallaufnahme im Gebirge eingegangen.

Um hierfür gerüstet zu sein, bedarf es natürlich unter anderem einer gesunden, ausgewogenen, aber auch Kraft gebenden Ernährung.

Höheninterventionstraining in Lenggries/am Sylvenstein-Stausee. Übungsannahme: Eine Person (oftmals im Demonstrationsgeschehen) hat sich mit einem Seil unter eine Brücke gehängt und wird dort aufgenommen und »abgeborgen«, um sie dann weiteren Einsatzkräften zu übergeben. Technisch ein komplexer Vorgang, der viel Übung erfordert.

STECKBRIEF

NAME: Jonathan

ALTER: 30 Jahre

EINHEIT: ZED Rosenheim – Einsatzzug

IM NEBENAMT: Alpinbeamter

JONATHAN FÜR DIE BERGFÜHRER – ALPINER EINSATZZUG

Ich bin in Berchtesgaden am Obersalzberg aufgewachsen. Da wir von klein auf mit den Eltern auf die umliegenden Berge gegangen sind, folgte auch irgendwann der nächste Schritt zum Felsklettern. Mittlerweile begeistert mich vor allem auch das Eisklettern. Hierbei ist nicht nur die sportliche Herausforderung interessant. Es ist immer wieder faszinierend, zu sehen, wie sich aus flüssigem Wasser ein Eisfall in oftmals wunderschöner Landschaft formt und bei passenden Bedingungen ein Ersteigen möglich macht. In diesem anspruchsvollen Ambiente ist das ganze Alpinwissen gefragt.

Meine Polizeiausbildung habe ich in Eichstätt absolviert. Dort, im südlichen Ausläufer des Frankenjuras, ließ es sich auch gut klettern. Nach der Ausbildung ging es zur Einsatzhundertschaft nach München und von dort zum Einsatzzug nach Rosenheim. Mit dem Wechsel ins Polizeipräsidium Oberbayern Süd hat sich mir die Möglichkeit eröffnet, die dreijährige Ausbildung zum Polizeibergführer zu beginnen. Während anfangs oft Grundlagen überprüft wurden, gestalteten sich die weiteren Ausbildungsinhalte, zum Beispiel die behelfsmäßige Bergrettung, sehr anspruchsvoll. Das Nebenamt bringt in unseren sowieso schon sehr kurzweiligen Dienstalltag weitere Abwechslung. Neben Vermisstensuchen und der Unterstützung im absturzgefährdeten Gelände gehören auch Alpinunfälle und die dazugehörigen Unfallermittlungen sowie Leichenbergungen zu den ureigenen Aufgaben der Alpinbeamten. So traurig diese Ereignisse auch sind, mache ich diese Arbeit gern, da man auf diesem Weg den Angehörigen in dieser schweren Zeit beistehen kann. An einen Einsatz habe ich eine schöne Erinnerung. Während wir uns im unwegsamen Gelände auf Vermisstensuche befanden, haben Wanderer unser im Tal befindliches Dienstauto mit Wiesenblumen ge-

schmückt. Eine nette Geste! Ein weiterer sehr interessanter Themenbereich ist die immer mehr aufkommende Höhenintervention. Das Arbeiten in alpinfernen absturzgefährdeten Bereichen erfordert aufgrund der technischen Komplexität sehr viel Übung. Zu diesen Bereichen zählen unter anderem Bäume, Brücken und Hausdächer oder auch abgestürzte Gleitschirmflieger. Das Schöne beim Alpindienst ist, dass viele der Alpinbeamten nicht nur Arbeitskollegen, sondern auch Freunde sind, was die oft anstrengenden Dienste wesentlich angenehmer macht. Die meisten Einsatzanforderungen geschehen außerhalb der Regelarbeitszeit. Wenn dann nach dem normalen Dienst das Handy mit einer Alarmierung zum Alpindienst

Großes Bild rechts: Echter Einsatz im Bereich Spitzingsee. Mit der gelben Schlinge ist Jonathan im Polizeihubschrauber „Edelweiß" gesichert.

Kleine Bilder links: Höheninterventionstraining in Lenggries/am Sylvenstein-Stausee.

Knotenkunde: Jonathan erklärt Alexander Herrmann, wie man einen »Achterknoten« legt. Diesen Grundknoten muss jeder Kletterer aus dem Effeff beherrschen.

klingelt, bleibt oft nur Zeit, etwas Kleines zum Essen einzupacken. Genauso wie große Bergtouren im Privatbereich sind die Alpineinsätze oft sehr zeitintensiv. Und da sich aufgrund des begrenzten Platzes im Rucksack ein Schnitzel oft eher schlecht unterbringen lässt, sind Riegel das Mittel der Wahl. Sie geben schnell Energie und liegen nicht schwer im Magen. Umso mehr freue auch ich mich nach einem langen Tag am Berg über etwas „Vernünftiges" zu essen. Da darf es dann gern ein Schweinebraten oder ein herzhafter Eintopf sein, der von innen wärmt und für neue Energie sorgt. Ich kann es kaum erwarten, zu sehen, was ein Sternekoch wie Alexander Herrmann aus so einem deftigen, bodenständigen Gericht macht. Eines dürfte aber sicher sein: Ein schmackhafter Eintopf wärmt die Seele in jeder Variation!

Übung macht den Meister: Alexander Herrmann mit einem perfekten Achterknoten.

PFEFFERPOTTER
HACKFLEISCH-WIRSING-EINTOPF
MIT KARTOFFELN

FÜR 4 PERSONEN

Für die Kartoffeln
1 kg Kartoffeln
Salz

Für den Pfefferpotter
1,5 kg Wirsing (1 mittelgroßer
fester Kopf)
Salz
1 große Zwiebel
1 Knoblauchzehe
Butterschmalz zum Braten
800 g Rinderhackfleisch (oder
gemischtes Hackfleisch Rind
und Schwein)
schwarzer Pfeffer
1 Prise frisch geriebene Muskatnuss
200 ml Gemüsebrühe
200 g Sahne
frisch gehackte Petersilie zum
Bestreuen

Kartoffeln

Die Kartoffeln schälen und in Stücke schneiden. Die Stücke in kochendem Salzwasser in 20–30 Minuten weich garen. Die Kartoffeln danach abgießen und warm stellen.

Pfefferpotter

1. Den Wirsing putzen, vierteln und den Strunk entfernen. Die Viertel in Streifen schneiden und waschen. Die Wirsingstreifen in kochendem Salzwasser blanchieren. Herausnehmen, eiskalt abschrecken und in einem Sieb abtropfen lassen.

2. Zwiebel und Knoblauch schälen und in Würfel schneiden. Etwas Butterschmalz in einer großen Pfanne erhitzen. Hackfleisch, Zwiebel und Knoblauch darin scharf anbraten. Mit Salz, Pfeffer und Muskatnuss kräftig würzen. Dann mit Gemüsebrühe und Sahne ablöschen. Das Hackfleisch 15–20 Minuten köcheln lassen.

3. Danach den blanchierten Wirsing unter das Hackfleisch heben und den Eintopf mit Salz und Pfeffer abschmecken.

Fertigstellen Den Pfefferpotter mit den Kartoffeln auf vier Tellern anrichten. Mit Petersilie bestreuen, mit Pfeffer übermahlen und servieren.

TIPP
Dieses schnell zubereitete Schöpfgericht ist eine einfache Variante des traditionellen westfälischen Pfefferpotthasts.

JÄGEREINTOPF MIT PILZEN UND MARONEN

FÜR 4 PERSONEN
2 Zwiebeln
200 g Egerlinge (braune Champignons)
200 g gegarte Maronen (vakuumverpackt)
2 EL Öl
600 g gemischtes Hackfleisch (Rind und Schwein)
Salz
½ TL Paprikapulver
1 TL Zucker
1 EL Mehl
1 EL Tomatenmark
100 ml Weißwein
500 ml Fleischbrühe
100 g Sahne
100 g Schmand
Pfeffer
frisch gehackte Petersilie zum Bestreuen

Eintopf

1. Die Zwiebeln schälen und in feine Würfel schneiden. Die Egerlinge bei Bedarf mit einem Tuch abreiben, putzen und vierteln. Die Maronen halbieren.

2. Das Öl in einer Pfanne erhitzen und das Hackfleisch darin krümelig braun anbraten, dabei leicht salzen. Zwiebeln und Egerlinge zugeben und mitbraten, bis sie schön gebräunt sind. Paprikapulver, Zucker, Mehl und Tomatenmark zufügen und kurz anschwitzen.

3. Alles mit dem Weißwein ablöschen und diesen kurz einkochen lassen. Brühe, Sahne, Schmand und Maronen einrühren und aufkochen lassen. Den Eintopf mit Salz und Pfeffer abschmecken und mit Petersilie bestreuen.

Fertigstellen Den Hackfleischeintopf auf vier Tellern anrichten und servieren. Dazu passen Nudeln oder Kartoffeln.

MEDITERRANER HACKFLEISCHEINTOPF

FÜR 4 PERSONEN
1 Zwiebel
2 Knoblauchzehen
20 g getrocknete Tomaten
60 g Kalamata-Oliven (entsteint)
4 Zweige Rosmarin (5 g)
4 Zweige Thymian (5 g
200 g Cannellini-Bohnen (aus der Dose)
300 g frische Salsiccia (ital. Bratwurst)
4 EL Olivenöl
¼ TL Chiliflocken
1 EL Tomatenmark
500 ml Gemüsebrühe
1 Dose ganze geschälte Tomaten (400 g)
Salz
200 g Blattspinat
Pfeffer

Eintopf

1. Zwiebel und Knoblauch schälen und fein würfeln. Die getrockneten Tomaten in feine Würfel schneiden, die Oliven grob hacken. Rosmarin und Thymian waschen und trocken schütteln. Nadeln und Blätter abzupfen. Die Bohnen in einem Sieb kalt abspülen und abtropfen lassen. Das Salsiccia-Brät aus der Pelle drücken und mit den Händen zerkleinern.

2. Das Olivenöl in einem Topf erhitzen und das Brät darin etwa 10 Minuten anbraten, bis es gebräunt ist. Zwiebel, Knoblauch, Tomatenwürfelchen, Oliven, Kräuter und Chiliflocken zufügen und 2–3 Minuten mitbraten.

3. Das Tomatenmark zugeben und kurz anschwitzen, dann mit der Gemüsebrühe oder Wasser ablöschen. Tomaten, Bohnen und 1 TL Salz einrühren und den Eintopf zugedeckt 20 Minuten köcheln lassen.

4. Den Spinat putzen, waschen und grob hacken. Den Spinat in den Eintopf rühren. Nochmals aufkochen und den Eintopf mit Salz und Pfeffer abschmecken.

Fertigstellen Den Hackfleischeintopf auf vier Tellern anrichten und servieren.

HACKFLEISCHEINTOPF ASIA-STYLE

FÜR 4 PERSONEN

Für die Curry-Kräuter-Paste

2 Knoblauchzehen
3 Frühlingszwiebeln
8 Stängel Thai-Basilikum (10 g)
8 Stängel Koriandergrün (10 g)
1 rote Chilischote
3 EL grüne Currypaste
1 EL Rohrzucker

Für den Hackfleischeintopf

1 Aubergine
Salz
Öl zum Beträufeln
200 g kleine Kartoffeln
2 EL Kokosöl
600 g gemischtes Hackfleisch (Rind und Schwein)
400 ml Kokosmilch
1 Kaffir-Limettenblatt
2 Limetten

Curry-Kräuter-Paste

Knoblauch schälen. Frühlingszwiebeln putzen, waschen und grob schneiden. Thai-Basilikum und Koriandergrün waschen und trocken schütteln. Die Chilischote waschen und putzen. Alles mit Currypaste und Zucker im Mixer zu einer feinen Paste pürieren.

Hackfleischeintopf

1. Die Aubergine waschen, putzen und in 5 cm lange Stifte schneiden. Diese in ein Sieb geben, salzen und etwa 5 Minuten Wasser ziehen lassen. Inzwischen den Backofen auf 180 °C vorheizen. Die Auberginenstifte dann abspülen und trocken tupfen. Auf ein Backblech legen, mit etwas Öl beträufeln und im Ofen (Mitte) etwa 30 Minuten backen.

2. Die Kartoffeln waschen und mit Schale halbieren.

3. Das Kokosöl in einem Topf erhitzen und das Hackfleisch darin bei mittlerer bis starker Hitze krümelig braun anbraten. Salzen, die Curry-Kräuter Paste zugeben und unter Rühren kurz mitbraten.

4. Kokosmilch und 400 ml Wasser zugießen und aufkochen. Dann Kartoffeln und Kaffir-Limettenblatt zufügen, die Hitze reduzieren und den Eintopf zugedeckt 30 Minuten köcheln lassen.

5. Die Limetten heiß abwaschen und abtrocknen. Die Schale abreiben und den Saft auspressen. Gebackene Auberginen, Limettenschale und -saft unter den Eintopf heben.

Fertigstellen Den Hackfleischeintopf auf vier Tellern anrichten und servieren.

Die Bayerische
Polizei

Chancengleichheit, aber sicher!

Komm zu uns ins Team

KOMM ZU UNS INS TEAM

Die Bayerische Polizei trägt seit über 75 Jahren eine ganz besondere Verantwortung für die Gesellschaft. Wir agieren in einem Team von rund 44.500 Kolleginnen und Kollegen mit- und füreinander. Gemeinsam wehren wir Gefahren ab und klären Verbrechen sowie andere Straftaten auf. Dabei leitet uns immer unser großes Ziel: der Schutz der Bürgerinnen und Bürger. Ob im Polizeivollzugsdienst, in der IT oder in anderen Tätigkeitsfeldern – Du hast vielfältige Möglichkeiten, Dich bei der Bayerischen Polizei für die Sicherheit der Bevölkerung sowie die Beachtung geltender Regeln und Gesetze einzusetzen.

Vom Streifendienst über die Kriminal-, Wasserschutz- und Bereitschaftspolizei bis hin zu weiteren interessanten Bereichen wie zum Beispiel unseren Spezialeinheiten oder der Hubschrauberstaffel – der Polizeivollzugsdienst bietet vielseitige Einsatzmöglichkeiten.

Informiere Dich hier!

WAS MACHT UNS BESONDERS?

- Wir bieten Sicherheit.
- Wir sind füreinander da.
- Wir sind vielfältig.
- Wir sind chancenreich.
- Wir sind Problemlöser.
- Wir agieren leistungsstark.
- Wir streben nach Gerechtigkeit.
- Wir haben einen sinnstiftenden Beruf.

HELDENKÜCHE »MAKING OF«

/ **BEHIND THE SCENES &**
/ **OUTTAKES**

DIE HELDEN HINTER DER „HELDENKÜCHE"

SEBASTIAN METZDORF

Sebastian arbeitet seit 2010 in Wirsberg in meinem Posthotel. Neben seiner Kochkarriere kamen nach und nach die Betreuung meiner Kochschule dazu, die Vorbereitung des Set-ups von TV-Auftritten und der Live-Tour ... und nebenbei hat er noch seine Leidenschaft für die Fotografie entdeckt. Aus diesem Grund habe ich ihn eingeladen, bei diesem Projekt dabei zu sein und es mit seinen Fotos zu unterstützen. Da es für einen gemeinnützigen Zweck ist, war er sofort Feuer und Flamme und war von Anfang an mit viel Engagement und Herzblut dabei. Lieber Metze, ich bedanke mich von Herzen für deine großartigen Bilder und die Unterstützung bei den Rezeptfotos!

HERBERT GRÖSCHEL

kam 2017 auf mich zu und aus dieser Zusammenarbeit entstand der PowerPantherShake. Herbert war seit 2011 Chef der Pressestelle im Präsidium der Bayerischen Bereitschaftspolizei Bamberg. Der größte Antreiber und Unterstützer und Ideengeber warst du, lieber Herbert. Ein solches Projekt über ganz Bayern innerhalb einer Behörde abzuwickeln, das geht nur mit jemandem, der die Abläufe und die Strukturen solch einer Organisation kennt. Der weiß, wie man diesen Weg gehen kann, der Ansprechpartner hat und bayernweit mit der Polizeifamilie gut vernetzt ist. Herbert, vielen Dank für deinen unermüdlichen, großen Einsatz, für die Einblicke und das Verständnis für viele Dinge, das du bei mir geweckt hast. Ich weiß, du bist selbst der größte Fan und Verfechter dieses Projekts – und du kannst zu Recht stolz auf dich sein, weil du das Buch jetzt in der Hand hast. Es trägt viel von deiner Energie in sich.

THOMAS LINTL

Lieber Thomas, deine Erfahrungen aus vielen Jahrzehnten als Polizist und vor allem deine Kontakte innerhalb der polizeilichen Organisation waren für dieses Buch sehr wichtig. Du warst von Anfang an Feuer und Flamme für dieses Projekt. Alle Hürden wurden gemeinsam genommen ... und jetzt gibt es die „Heldenküche" zu kaufen. Danke für die sehr gute Zusammenarbeit und den immer von Humor geprägten Austausch.

BERND FÖRTSCH & SEBASTIAN GREBE

Um ein solches Projekt umzusetzen, braucht man viel Engagement und Energie. Dieses Projekt war von der Leidenschaft von ein paar besonderen Menschen getrieben, die ein tolles Buch über die Helden des Alltags machen wollten. Die Gelegenheit dazu hat uns der Plassen Verlag, der in unserer fränkischen Heimat, in Kulmbach, angesiedelt ist, gegeben. Das ist für mich ein Beleg für die unfassbare Verbundenheit und das Vertrauen in unser Projekt. Dafür möchte ich mich sehr bedanken. Lieber Bernd, als Verlagseigentümer, Unternehmer-Koryphäe und Förderer unserer Region: ein GROSSES DANKE, ohne dich ...! Und ein großes Dankeschön an Verlagsleiter Sebastian Grebe für die gewohnt unkomplizierte und überaus produktive Zusammenarbeit. Der Plassen Verlag hat nämlich bereits meine Biografie „... und eine Prise Wahnsinn" verlegt. Mit der „Heldenküche" ist eine weitere Prise hinzugekommen. Ich freue mich schon auf unser nächstes gemeinsames Projekt ...

Thomas Lintl von der Bayerischen Polizeistiftung, Alexander Herrmann und Sebastian Grebe vom Plassen Verlag bei der Vertragsunterzeichnung.

BEHIND THE SCENES & OUTTAKES

DANIELA FREITAG, die Herstellungsleitung des Plassen Verlags, die den größten Beitrag geleistet hat, die ein tolles Gespür für Seitenaufbau und optische Umsetzung hat. Ohne ihren unermüdlichen Einsatz wäre das Projekt nicht umzusetzen gewesen. Ein absoluter Profi auf ihrem Gebiet, es hat sehr viel Spaß gemacht, mit dir zusammenzuarbeiten!

SABINE KROGEMANN, meine persönliche Assistentin, die seit 2015 an meiner Seite ist und so vieles für mich managt. Wie auch hier bei diesem Projekt: die Kommunikation und Koordination zwischen mir, dem Verlag und der Polizei. Danke, du bist so perfekt in dem, was du tust, und dazu der Garant für meine „Work-Office-Balance".

UDO SKRZYPCZAK, der Präsident der Bayerischen Bereitschaftspolizei, gewährte uns vertrauensvoll die personelle und logistische Unterstützung seines Polizeiverbandes. Dafür herzlichen Dank!

LAST, BUT NOT LEAST waren weitere Personen an der Entstehung dieses Buches beteiligt, bei denen ich mich ganz herzlich bedanken möchte: bei den Lektoren Elke Sabat, Egbert Neumüller und Claus Rosenkranz, bei Hanna Reder, die die Rezepte entwickelt hat, bei Petra Teetz für das Rezeptlektorat, bei POR Andreas Luxem, ehemals Leiter Präsidialbüro der BePo und derzeit Leiter der VPI Schweinfurt-Werneck, für seine Unterstützung und die aussagekräftigen Texte, bei PHK Markus Kern, Pressestelle der BePo, für die unermüdliche Netzwerkunterstützung; vielen Dank auch für das große Engagement aller Protagonistinnen und Protagonisten sowie die Mithilfe aller beteiligten Polizeidienststellen.

Ganz herzlichen Dank auch an diese Köche, die in Wirsberg leider nicht dabei sein konnten.

Patrick Gaß Jasper Giebe Norbert Jall Doris Jonscher Martin Luger Christian Moßburger Marcus Püttner

GLOSSAR

AEG	Alpine Einsatzgruppe
BePo	Bereitschaftspolizei
BFE	Beweissicherungs- und Festnahmeeinheit
BLKA	Bayerisches Landeskriminalamt
BPA	Bereitschaftspolizeiabteilung
BPFI	Fortbildungsinstitut der Bayerischen Polizei
DGL	Dienstgruppenleiter/Dienstgruppenleiterin
E2	Sachgebiet Einsatz 2 (hier Bereich Verkehr)
EPHK	Erster Polizeihauptkommissar
GPI	Grenzpolizeiinspektion
KDD	Kriminaldauerdienst
KPI	Kriminalpolizeiinspektion
OSINT	Open Source Intelligence
PE-Trainer	Polizeilicher Einsatztrainer/Polizeiliche Einsatztrainerin
PHuStBy	Polizeihubschrauberstaffel Bayern
PI	Polizeiinspektion
POB	Polizeiorchester Bayern
POR	Polizeioberrat
PHK	Polizeihauptkommissar
PP	Polizeipräsidium
PVA	Polizeiverwaltungsamt
ROV	Remotely Operated Vehicle, Tauchroboter mit Kameras
USK	Unterstützungskommando
VPI	Verkehrspolizeiinspektion
WSP	Wasserschutzpolizei
ZAC	Zentrale Ansprechstelle Cybercrime
ZBS	Zentrale Bußgeldstelle
ZDHS	Zentrale Diensthundeschule
ZED	Zentrale Einsatzdienste